물음표(?)에서
느낌표(!)

물음표(?)에서 느낌표(!)

이경아 지음

**물음표로 시작한 삶,
나만의 느낌표로 채워가다!**

20년 교육 경력을 통해 발견한 정체성의 힘

바른북스

현명한 아이 교육을 위한 필독서

프롤로그: 물음표의 의미

 벌써 15년 전 일이다. 교육에 대한 마음과 생각을 정리하기 위해 펜을 들고 한 자 한 자 써 내려갔던 그 시절이 아직도 생생하다. 수많은 학생을 직접 마주하고, 경험하며 쌓아온 경험을 글에 녹여내고만 싶었다. 하지만 그땐 지금처럼 내 생각과 마음이 여물지 못하여 중간에 포기할 수밖에 없었다. 또 시간이 지나 다시 펜을 잡았고, 글을 쓰려는 굳건한 의지가 가득하다. 스스로 더 여물어 사라지기 전에 이제는 세월의 향기를 전해줄 준비가 된 것만 같다.
 처음 펜을 잡을 때는 자랑을 하고 싶었다. 나라는 사람이 이렇게나 대단하고, 뛰어난 사람이라고. 글을 통해 많은 사람에게 보여주고 싶었다. 하지만 다시금 글을 써 내려가면서는 겸허하고 감사한 마음이 가득하다. 스스로 부족한 부분이 많았음에도 때마다 찾아오는 기회와 운이 모여 좋은 결과를 만들었다. 뒤돌아보니 늘 준비하고, 질문했기에 내게 찾아온 기회를 움켜잡을 수 있었다. 즉, 매 순간마다의 물음표는 나의 삶을 알차게 영글도록 만들었다. 지금도 나는 자주 스스로에게 질문한다.

20대와 30대의 젊은 시절 왜 나는 강의하는 데만 집중했던 걸까?
40대인 지금까지 강의하며 무엇을 남기고 싶은 걸까?

결국 18년이라는 세월 동안 강의하며 나는 무엇을 원했던 것일까?

이런 질문은 내가 나의 일을 좀 더 사랑하고, 학생들의 현재의 삶을 넘어 미래까지를 고려할 수 있게 만든다. 과거에 난 학생들에게 이렇게 말했다. 선생님 역시 자존심 때문에 공부했고, 너희들 역시 자존심이 상하지 않으려면 공부해야 한다고. 그런데 이젠 이렇게 말해주고 싶다. 자존심도 중요하지만, 스스로 실망하지 않기 위해 공부를 하는 것이라고. 끊임없이 노력하는 과정에서 분명 배우는 것임을 말이다. 질문하는 자세는 우리가 인생을 사는 데 꼭 가져가야 할 자세다. 단순히 정해진 길만을 따라가기보다 내가 왜 이 길을 걸어야 하는지, 나는 무엇을 좋아하는지 깊이 고민해야 한다. 질문은 늘 우리의 사고를 확장하고, 끊임없이 나아가는 삶의 원동력이 된다. 지금의 나를 만든 것은 모두 물음표 덕분이었다. 이제 물음표에서 시작된 찬란한 이야기를 시작해 보려 한다.

목차

프롤로그: 물음표의 의미

Chapter 1
지금의 나를 만든 것

자신과 다른 사람의 삶이 같아야 한다고 생각하는 사람들에게 … 12
삶이란 정답이 없는 것 … 15
내 아이한테 맞는 공부 방법을 찾아라 … 16
사람이라는 것 … 18
돈이 아닌 가치를 좇는 삶 … 19
나를 찾아가는 질문 … 21

Chapter 2
열정이 가득한 20대, 교육산업에 뛰어들다

"아니요"보다 무조건 "네"라고 외치는 아버지의 가르침 … 26
결과를 만드는 차이, 진심 … 29
잊히지 않는 제자들 … 35
방관이 남긴 상처 … 39
용기로 재능에 꽃을 틔운 제자, 선아 … 42
부모의 욕심보다 아이의 가능성을 믿어주는 일 … 44
나를 다시 일으킨 힘 … 47

Chapter 3
인생의 새로운 느낌표, 가정

그와의 첫 만남	52
가족의 일부가 되다	54
엄마의 가르침	57
다른 속도의 사랑	60
사랑으로 빚은 나날	63

Chapter 4
삶의 이정표가 되어주는 아이들

삶의 방향은 내 안에 있다	68
정체성을 찾는 교육	73
● 자기소개 에세이 작성	
● 미래 꿈 그리기	
● 자기 존중감 키우는 대화	
생각의 힘: 공부의 길을 열다	77
성장과 가능성을 발견한 제자, 정승엽	81

노력의 힘을 믿게 된 제자, 홍성욱　　　　　　　　　　　　83
국어 공부의 핵심과 학습 방법　　　　　　　　　　　　　85
학생 글 모음집　　　　　　　　　　　　　　　　　　87
　– 단계를 낮추는 게 좋을 때도 있다
　– 바다로 간 호두
　– 죽은 시인의 사회
　– 함께 행복한 삶을 만들자!
　– 환경오염
　– 나라는 다르지만 모두 친구가 될 수 있어!
　– 빛과 우주의 수사관 알베르트 아인슈타인
　– 미소의 웃음 비밀
　– 제인 구달
　– 힘든 일은 언제든지 일어날 수 있다!
　– 강민폐+감기=행복
　– 나무
　– 파도
　– 좋아하는 게 뭐야?
무지갯빛의 아이들　　　　　　　　　　　　　　　　103

학생 기사문 모음집   105
　　− 리ㅇ의원 원장님 인터뷰 기사
　　− 비ㅇ민 약국 약사님 인터뷰 기사 #1
　　− 비ㅇ민 약국 약사님 인터뷰 기사 #2
　　− 야ㅇ스 가정의학과 의사 선생님 인터뷰 기사
　　− 아이ㅇ모 디자인 미술 원장님 인터뷰 기사
　　− 아로메ㅇ 반려견 미용 대표님 인터뷰 기사
　　− 해ㅇ플라워 사장님 인터뷰 기사

제자의 편지   115

에필로그: 별처럼 반짝이는 아이들
　　− 사랑을 담아 보내는 편지

Chapter 1

지금의
나를 만든 것

자신과 다른 사람의 삶이
같아야 한다고 생각하는 사람들에게

지금 난 40대이다. 화목한 분위기의 따뜻한 부모님을 만나 난 인성이 바른 사람으로 성장했고, 20대, 30대는 내게 기회를 많이 주시려는 분들 덕분에 사회적으로도 성장할 수 있었다. 고백하건대 20대 때는 돈이라는 물질적 가치를 가장 중요하게 여기며, 바쁘게만 살아갔다. 그 당시, 내 인생에서는 여행이나 사치라는 단어가 없었다. 버는 돈을 차곡차곡 모으기만 했으니 비슷한 또래의 친구들에 비해 큰돈을 벌 수 있었다. 하지만 바쁜 일상에 쉽게 예민해졌고, 인성이 좋지 못했던 것 같다. 그건 나도 인정한다.

30대 초반 때는 허영심이 하늘을 찔렀다. 젊은 시절부터 물질적인 어려움을 경험해 본 적이 없었으니 말이다. 하지만 우연한 기회로 삶을 바라보는 가치관이 달라졌다. 30대 시절 교수님, 갤러리 대표님, 이사님, 예술가, 연예인 등 지금껏 살면서 만나지 못한 이들을 많이 만났다. 이 당시, 나보다 더 많은 명예와 권력을 가진 이들을 마주하며 새로운 좌절감을 느꼈다.

값비싼 옷과 함께 영어로 유창하게 대화하는 일상이라니. 번쩍이는 그들의 차와 멋진 집을 볼 때마다 나의 비뚤어진 마음은 또다시 꿈틀거렸다. 한없이 내가 작아지며, 자존감이 바닥을 쳤다. 처음 인생의 쓴맛을 보게 된 것이다. 부족한 부분을 치장하기 위해 난 더 외모에 신경을 썼고, 더 배우려고 발버둥을 쳤다.

그들 중 한 분이 결혼을 했는데, 시댁에 고용된 수행 기사님이 자주 가족여행을 가신다는 이야기를 전달해 주셨다. "기사님도 따로 여행을 가시나요?" 어린 나는 속에 있는 말을 그대로 내뱉고 말았다. 집에 속해 있는 기사님도 때마다 따로 여행을 갈 정도의 여유와 재력이라니. 놀랄 때가 한두 번이 아니었다. 또, 백화점 세일 기간에 함께 쇼핑이라도 가면, 그들은 명품이 즐비한 관에서 천만 원 이상을 아무렇지 않게 소비했다. 처음에는 큰 상실감과 함께 그동안 내가 열심히 살아왔던 것이 다 무엇 때문이었나 하는 공허함이 들었다.

점점 시간이 지나며 생각이 변하기 시작했다. 그들은 한 번도 나를 무시한 적도 없을뿐더러 늘 존중하고 배려해 주었는데 난 자격지심으로 스스로 궁지에 몰아넣고 있었던 것이었다. 그런 삶에 기준이 맞춰진 이들과 같지 않음에 슬퍼할 필요가 전혀 없었는데 말이다. 따라가기 위해 발버둥 칠 필요도, 날카로운 말로 상대에게 톡 쏘아댈 이유도 없었다.

그때부터 조금씩 내 자신을 인정하며 삶을 찾아갔던 것 같다. 올바른 삶, 건강한 삶은 무엇일까를 끊임없이 되새기며 정체성을 형성

해 나갔다. 남과 비교해서 내가 그 사람보다 훨씬 나은 위치라는 생각에 우월감을 느끼거나, 낮은 위치에 있어 좌절감을 겪을 필요는 없다. 인간의 욕심은 끝이 없기에 말이다. 그저 현재의 내 삶을 인정하고 행복을 바라본다면, 우리의 마음은 평온한 바다 위를 항해하는 배처럼 안정적일 것이다. 불안하지 않고 충분히 행복할 테다.

삶이란 정답이 없는 것

요즘, 난 생각이 많은 나날을 보낸다.
그 생각의 끝은 행복할 때도 괴로울 때도 있다.
삶이란 정답은 없다.
하지만 내가 정해놓은 계획을 수정해 나가며,
자신을 발전시키는 일부분 역시
내 삶의 때마다의 작은 답이 아닐까 조심스럽게 말해본다.
스스로 질문하고 늘 계획하고 수정해라.
계획이 없다면 수정할 부분조차 없는 무의미한 삶이 될 테니.

내 아이한테 맞는
공부 방법을 찾아라

아이마다 태생적인 특성이 있다. 집중력이 약한 대신 창의력이 좋은 아이, 응용력은 좋은 대신 기억력이 약한 아이. 만일 내 아이가 집중력이 약한데, "너는 왜 책을 안 읽니?"라고 말한다면, 과연 부모는 어떤 잘못을 하는 걸까?

더 나아가 일하는 부모 중 "내가 이렇게 많이 투자하는데 뭐 때문에 성적이 안 나오니? 그냥 다 그만둬라."라고 말하는 경우가 있다. 과연 부모는 뭘 잘못 생각하고 말하는 것일까?

모든 아이는 다 같다는 생각에서 벗어나야 한다. 부모가 물질적으로 투자한 만큼 꼭 성적이 나와야 한다는 보상 심리를 버려야 한다. 학원에 보내면 다 된다는 생각 역시 오산이다. 부모가 노력하지 않고서 어떻게 아이가 결과를 낼 수 있을까? 내 아이를 섬세하게 파악하려는 노력이나 정성을 들이지 않았으면서 말이다.

 부모는 자식의 거울이다. 공부하는 습관, 자세, 인성 등 가장 기본적인 것을 꾸준히 가르치려는 노력이 우선시되어야 할 것이다. 공부에 대한 결과는 그다음으로 기대해 보는 건 어떨까?

사람이라는 것

우리는 사람이라 늘 성공하고 싶어 한다.
사람이라 늘 미래를 꿈꾼다.
사람이라 시기·질투를 하기도 한다.
사람이라 행복과 기쁨을 느낄 수 있는 것이다.
사람이라 과시하고 싶어 하고.
사람이라 생각할 수 있는 것이다.
사람인 것을 감사해라.
생각하지 않고 마음을 표현하지 말아라.
생각하고 또 해라.
그럼 너의 행동과 말이 겸손해질 것이다.

돈이 아닌 가치를 좇는 삶

 아이들과 이야기를 나누다 보면 시대는 변했지만, 아직 변하지 않는 부분이 있다는 생각에 잠을 설칠 때가 있다. 뽀얗고 말캉한 아이들을 보며 나는 자주 그들에게 미래에 어떤 사람이 되고 싶은지를 묻는다. 진로에 도움을 주고 싶은 마음 때문이다. 아이들은 하나같이 돈이 많은 사람 혹은 돈 많은 백수를 이야기한다.
 물론 모든 아이들이 이렇게 대답하지는 않지만, 이런 생각은 욕심을 만들고 또 그 욕심으로 자신을 망치지 않을까 하는 걱정이 든다. 무지개처럼 다채로운 가능성을 품고 있는 아이들의 꿈이 획일화되어 있다는 것이 마음이 아프고, 새로운 꿈을 심어주기 위한 여러 생각이 든다. 그런 대답을 들은 나는 제자들에게 늘 똑같은 말을 전한다. 돈이 많으면 좋겠지만 돈이 궁극적인 목표라 생각하고 노력해서는 안 된다고 말이다.
 돈만을 좇는 사람은 오히려 돈을 벌기 어려울 것이고, 내가 노력해서 누군가에게 도움이 되려는 마음을 가진 이에게 오히려 명예와 돈이 따를 것이라고.

의사가 돈만 보고 수술하면 어떤 일이 일어날까?
변호사가 돈만 보고 변호를 하게 되면 어떤 일이 일어날까?

아빠가 돈만 버시고 가족에게 신경을 안 쓴다면 너희들 마음은 어떨 것 같아?

내 질문을 들은 아이들의 얼굴엔 복잡한 표정이 물든다. 나는 그들이 더 깊은 생각을 할 수 있도록 좋은 방향을 제시해 주고 싶다. 그들에게 스스로 생각할 시간을 준 뒤, 이야기를 얹는다. 우리가 세상에 태어난 이유는 단순히 돈만을 벌기 위한 게 아니라고. 각자에게 주어진 재능과 열정으로 세상을 더 이롭게 만들고, 사람들에게 도움을 주기 위해서라고. 돈은 그 과정 속 자연스레 따라오는 결과일 뿐이라고 말이다. 그렇기에 내가 어떤 일을 좋아하고, 잘하는지 찾아보라고 권유한다. 꿈에 진짜 마음을 담는 일이 돈을 버는 것보다 백 배, 아니 천 배는 더 소중한 일임을 말하며.

그 말을 들은 아이들의 얼굴에는 촉촉한 빛이 어린다. 어릴 적 누구라도 아이들에게 그런 말을 해주어야 한다. 물질적인 가치보다 분명 더 중요한 것이 있다는 사실을. 자신의 정체성을 조금이라도 찾을 수 있도록 도와주는 것. 나는 내가 할 수 있는 지금 이 자리에서 더 많은 길을 가르쳐 주고 싶다. 인생의 참된 스승이 되고 싶다.

나를 찾아가는 질문

모두가 너무 똑같은 삶을 살아가려고 하는 건 왜 그럴까?

**공부를 잘해야만 하고
인성이 바른 사람이어야 하고
대학도 잘 가야 하고
취업도 잘해야 한다.**

누가 지시하지도 않았는데도 그렇게 살아가려는 건 왜일까? 답이 정해져 있다고 생각하기 때문에 이런 식으로 생각하고 살아가는 건 아닐까? 우리에게는 특별한 능력, '생각'이라는 것이 있다. 하지만 옆에서 다른 행동을 했을 때 무조건적으로 따라 하려는 원시적인 모방본능도 있다.

이 두 가지 부분에서 내가 기준을 잡고 가는 사람인가? 두려워 누군가를 모방하는 사람인가? 내게 기억에 남는 제자가 있다. 반에서 공부를 꽤 하는 친구였는데, 부모님은 늘 의대만을 강조하며, 그 학생에게 꿈을 묻지 않았다. 나는 응당 의대를 가려는 꿈이 그의 꿈이기도 할 것이라는 짐작만을 해왔던 것 같다. 그러던 어느 날, 책을 읽는 학생의 눈에 그렁그렁 눈물이 고여 있었다. 자신은 책을 보는 것이 좋으며, 글을 쓰는 작가가 되고 싶다는 것. 부모님이 정해준 길을 거부하면 큰 벌을 받을까 봐 두렵다는 것이었다.

어릴 적에는 부모님이 정해준 길 이외 다른 길을 걷는다면 그들의 기대에 배신하는 것이라는 생각하기 마련이다. 불확실한 길을 걷다가 실패하거나 포기하거나 좌절하면 어떻게 하지? 하는 두려움 역시 그의 마음속을 가득 채웠을 것이다.

제 마음에 떠오른 물음표조차 쉬이 가정에서 털어놓지 못하던 아이의 마음이 얼마나 짙게 멍들어 있던 것일까. 이후 나는 학부모님께 아이의 재능과 마음을 전달하며, 간극을 좁히려 노력했던 것 같다. 학생의 말에서 느껴지는 무거운 책임감을 조금은 덜어주고 싶었다. 왜 우리는 하나의 정답만을 강요하며 살아갈까? 남들 기준에 맞추기보다 자신이 좋아하는 일을 기준으로 삼도록 풀어주는 것. 그것이 우리 사회, 교육 분야에서 필요한 분위기가 아닐까 생각해 본다. 내가 무엇을 좋아하는지 먼저 판단해 보자. 그렇다면 자신의 정체성을 조금 더 쉽게 찾아가 볼 수 있을 것 같다.

Chapter 2

열정이 가득한 20대, 교육산업에 뛰어들다

"아니요"보다
무조건 "네"라고 외치는 아버지의 가르침

약 20년이라는 시간 동안 교육에 종사하며 숱한 경험을 쌓았다. 어떻게 이 지점에 다다를 수 있었는지 되새겨 보니 때마다 전하고 싶은 말들이 너무나 많았다. 20대 때 난 직장생활을 시작했지만, 적응하지 못하여 빠르게 그만두었다.

취업을 고민하고 있던 와중 선배 언니가 송파 종로엠에서의 단기 알바자리를 제안했다. 당시엔 아무 생각이 없었기에 용돈벌이와 함께 취업을 고민할 생각으로 흔쾌히 그녀의 제안을 승낙했다. 그때 내 나이는 25세였다. 면접을 보기로 한 날, 대학생 때 아르바이트 겸 아이들을 가르쳤던 교재를 몇 권 들고 집을 나섰다. 제본으로 정성 들여 만든 책들은 모두 직접 수업할 때 사용했던 책들이었다.

그 책을 들고 집을 나서는 그 순간 내 인생이 바뀔 것이라 전혀 짐작하지 못했다. 면접을 보러 학원 문을 여는 순간 1층 로비 벽면에는 CCTV와 각종 교재가 가득 놓여 있었다. 상담 선생님과 학부모님들로 학원 내부는 가득 붐볐으며, 왠지 모르게 웅장한 느낌까지 들었다.

아마도 그때 학원이 6층 전체를 통으로 쓰고 있었을 뿐만 아니라, 옆 건물에 고등관이 별도로 있을 정도로 꽤 큰 규모였기에 내가 부담을 느끼지 않았는가 싶다.

큰 숨을 한 번 몰아쉬고 접수대에 가서 면접을 보러 왔다고 당당하게 이야기했다. 너무 당찬 목소리였던 걸까. 한순간 모두가 내게 집중하고 있다는 생각이 들었다. 머리가 희끗희끗한 상담 선생님께서 웃으면서 자리를 안내해 주셨고, 곧 남자 선생님이 들어오셔서 서류를 보시더니 시간이 있냐고 물어보셨다.

아버지께선 늘 내게 해보지도 않고 "아니요"를 말하기보다 무조건 해보겠다고 말하는 자세가 중요함을 알려주셨다. 그의 가르침대로 난 또 "네"를 외치고 말았다. 서류를 보러온 남자 선생님은 학원을 총괄하시는 팀장님이셨고, 내가 만든 제본이 마음에 드셨는지 원장님께 바로 보고했다. 이후 난 갑자기 지하에 있는 대강당에서 시강을 하게 되었다.

초, 중, 고등부 선생님들이 한자리에 모이셨고 난 갑자기 어리둥절한 상황에서 마이크를 잡고 판서를 시작했다. 긴장된 마음에 목소리는 달달 떨렸지만 들키고 싶지 않아 애써 크게 말을 이어갔던 것도 같다. 글의 표현 방법과 문법의 9품사와 관련된 내용을 약 30분 정도 강의하고 교단에서 내려왔다.

내 강의를 바라본 선생님들은 모두 무표정이었고, 난 긴장이 채 풀리지도 않은 채 5층 원장실로 올라갔다. 서글서글한 눈매에 웃는 인상이셨던 원장님은 나를 반겨주셨다. 평소 시를 좋아한다는 가벼운 이야기로 분위기를 풀어주시기 위해 노력하셨다. 뒤이어 팀장님뿐 아니라 다른 선생님들도 나를 많이 칭찬했다고 하시며 아르바이트가 아닌 국어 전임 선생님으로 일해볼 생각이 없냐고 물어보셨다.

  갑작스러운 제안에 어리둥절하기도 했지만 기분이 무척 좋았다. 그간 과외 활동으로 쌓아왔던 내 실력을 누군가 인정해 주는 것만 같았다. 왠지 운명의 이끌림이 나를 이곳으로 잡아당긴 느낌이었다. 난 고민도 하지 않은 채 바로 좋다고 이야기했고, 계약서를 작성했다.

결과를 만드는 차이, 진심

 무턱대고 작성한 한 장의 계약서가 내 인생을 바꿀 것이라고는 전혀 생각하지 못했다. 내가 처음 일을 시작했던 송파 종로엠 종합학원은 예비 초4부터 입학이 가능한 곳이었다. 논술반을 담당하게 되었고, 총인원은 약 15명 정도였다. 그전 담당 선생님께 살짝 이야기를 들어보니 감당하기 너무 어려워서 빨리 그만두고 싶다는 말만 하실 뿐, 고개를 가로저으셨다. 어린 나는 제대로 인수인계조차 받을 수 없었다.
 당시 난 사회 초년생이자, 열정이 가득했기에 이해할 수 없는 소리라고만 생각했다. 물론 여러 학생을 담당하는 게 힘든 일일 것이라는 짐작만 할 뿐이었다. 모든 것을 새롭게 시작해야 했다. 수업 계획안과 수업 준비 보고서, 수업에 들어가기 전 학부모님들과의 상담과 상담 일지 등. 규모가 큰 곳이라서 절차나 해야 할 일은 너무나도 많았다.

11시에 출근하면 밤 10시나 12시에 일을 마무리하는 경우가 허다했다. 그럼에도 새로운 일에 열중하고 몰입하는 것이 좋았다. 강의를 한 지 석 달째 넘어가는 시점, 원장님께서 나를 따로 부르셨다. 어려운 부분은 없는지 물어보시며, 언제든 필요한 게 있으면 말하라고 하셨다. 무슨 용기였는지 논술 교실을 따로 쓸 수 있게 해달라고 요청을 드렸다. 원장님은 웃으시며 흔쾌히 승낙하셨다.

  그전까지 종합반에서는 교실이 부족해서 한 과목 전용으로 쓰는 교실을 만드는 게 무척 어려운 실정이었다. 그럼에도 원장님께 나의 일에 대한 열정과 실력을 인정받았다는 느낌이 들어 행복했다. 초반 석 달간 정신없이 일하면서도 일에 열중하는 재미를 느꼈다.

  감사를 전하고 원장실에서 내려오자마자 학원 팀장님들과 회의를 시작했다. 하지만 그들의 눈초리가 마뜩잖았다. 이제 막 일을 시작한 선생님에게 전용 교실을 떡하니 하나 내어주라고 하니 어느 누가 기분이 좋겠는가. 초·중·고등부별로 국어, 영어, 수학, 사회, 과학 수업 교실을 각각 나누어야 하는데, 비주류 과목이었던 논술에 교실 하나를 할당한다는 게 이해되지 않는다는 표정이었다.

  대표 원장님이 결정을 내린 것이니 따라야 하긴 하겠지만, 다들 어쩔 수 없다는 표정이었다. 아무도 내 의견을 묻지 않고, 2층 제일 작고 구석진 방으로 하라는 이야기뿐이었다. 그러나 싫은 내색을 하지 않았다. 남들의 안 좋은 시선이나 시기에 신경 쓰기보다, 앞으로 내가 더 업무에 열중해야겠다는 다짐뿐이었다. 그럴수록 더 긍정적인 자세로 좋다고 이야기했다.

  난 더 열심히 일했다. 스스로 자존심 상하는 일을 만들고 싶지 않았고, 나를 믿어주는 사람이 단 한 명이라도 있다면 증명해 보이고 싶다는 마음뿐이었다. 그렇게 두 달을 미친 듯이 살았다.

또 해내고 말았다. 15명 인원이었던 논술반을 88명으로 성장시킨 것이다. 매 순간 진심으로 아이들을 대했기에 가능한 일이었다. 놀라운 결과를 받아 든 원장님은 어김없이 날 부르셨고 난 또 수업의 질을 높이기 위해 개선할 부분을 당당하게 이야기했다. 그는 웃으시며, 이번엔 청심국제중학교 입학 준비반을 맡아보지 않겠냐는 질문을 하셨다.

뛰어난 학생들을 담당하는 게 부담이기도 했지만, 성격상 주저하지 않았다. 또 "네"라고 이야기하며, 새로운 도전을 달갑게 받아들였다. 아이들은 모두 같았다. 마치 싹에 물과 햇볕을 골고루 주면 쑥쑥 자라나는 씨앗처럼, 학생마다의 자질을 고려한 강의로 그들의 실력은 날마다 성장했다. 더 이상 어떤 팀장님이나 선생님들도 날 함부로 대하지 못했다.

학원에서 논술 입시를 이야기했을 때 내 이름이 바로 나올 정도로 유명해졌지만, 그럴수록 난 자만하기보다 겸손하기 위해 노력했다. 아이들에게 집중하고 강의의 질을 높이는 데만 집중했다. 5년간 송파 종로엠에서의 시간은 내 인생에서 **빼놓을 수 없는 부분**이다. 내가 이 글을 쓰기 시작한 이유이기도 하다. 특별히 뛰어난 것도, 잘하는 것도 없었던 내가, 우연한 기회로 학원에 발을 들여놓고 아이들을 가르치며 함께 성장했기 때문이다.

새로운 기회가 왔을 때 아니라고 발을 빼기보다 내 자신을 믿었고, 긍정적인 태도로 일관했다. 타인의 시선을 신경 쓰지 않았다.

나와 노력을 믿었다. 논술반이 커지게 되자, 학원에서는 논술 담당 선생님들을 더 모집했고 난 젊은 나이에 논술 선생님을 전담하는 팀장 직책을 맡게 되었다. 종합반 국어 과목과 더불어 청심국제중학교 입학을 준비하는 반을 담당하며 바쁜 나날을 보내게 되었다.

 입학 준비를 하는 5명의 학생들의 자소서, 그룹 토론, 면접까지 모든 과정에 함께했다. 이때 나는 단순히 아이들의 성적만 강조하기보다는 각자의 강점, 꿈과 목표를 설정하는 데 집중했다. 다양한 분야의 독서를 통해 사고의 폭을 넓히도록 하고, 본인을 논리적인 자기소개서에 담아낼 수 있도록 도움을 주었다. 국제 교육을 강조하는 특성화 중학교인 만큼, 다방면의 기준에서 우수한 성적을 내야 한다는 생각이 들었기 때문이다.

 처음으로 맡게 된 특목중고등학교 입시 결과, 너무도 좋은 성적을 낼 수 있었다. 난 아직도 내가 당시 잘 가르쳐서 붙었다고 생각하지 않는다. 학생 한 명 한 명을 진심으로 들여다보고 그들의 강점과 이야기에 집중했다. 열정과 성실이 빛날 수 있도록 함께 그 길을 걸어주었을 뿐이다.

 하지만 학부모님들의 생각은 나와는 조금 달랐다. 족집게로 입시 문항을 뽑아주지는 않을까, 특별한 비법이 있진 않을까 빠른 길만을 찾으며 궁금해하셨다. 특목중고등학교 입시 선생님으로 소문이 빠르게 번지며, 개인 과외 문의가 끊임없이 이어진 것이다. 학업에서 뒤떨어지는 아이들조차 내 손만 거치면 바로 성적이 올라갈 수 있다는, 과장된 이야기가 퍼지기 시작했다. 나는 이미 그들에게 마법사 같은 선생님으로 알려져 있었다.

만일 내가 당시에 솔직하지 못한 채 이 기회로 많은 돈을 버는 데만 집중했더라면 지금의 나는 없었을 것이다. 그러나 매사에 솔직한 사람이어야 한다는 신념을 잃지 않았다.

개인 과외를 부탁하는 학부모님들께, 현재 내가 학원에 속한 채 일하고 있을뿐더러, 따로 과외를 하면 불법임을 정중하게 이야기했다. 나 역시 평범한 사람일뿐더러, 함께 따라와 준 친구들이 훌륭했기에 좋은 결과를 낼 수 있었다는 말을 덧붙였다. 이 사건은 내 삶을 또다시 바꾸는 기회가 되었다.

정직한 인품과 함께 겸손한 선생님이라는 소문이 다시 학생과 학부모님 사이에 돌게 된 것이다. 원장님은 나를 부르셨고, 이번에는 가장 빠른 시기에 공로패를 받게 되었다. 지금의 일타 강사 인정과도 같은 의미의 상이기에 나는 감회가 새로웠다. 학창 시절 때는 평범하기 짝이 없는 학생이라고만 생각했던 내가, 사회에 나와 또 다른 인정을 받고 있다니. 믿어지지 않았다. 다만 나는 알고 있었다. 학생들을 살뜰히 살피는 능력과, 내가 아는 지식을 논리적이고 설득력 있게 전달하는 능력. 이 능력을 개발해 그들에게 도움이 되어야겠다는 생각뿐.

사람들은 아직도 돈을 많이 벌고 싶어 한다. 간혹 내가 가르치는 제자 중에서도 돈을 많이 벌기 위해 공부를 하는 것이라 이야기하는 친구들이 있다. 그럼 난 늘 똑같은 말을 한다.

"돈을 좇기보다, 너희가 누군가에게 꼭 필요한 사람이 되는 게 중요하단다. 그럼 종국에 돈이 너희를 따라오게 될 거야."

지금껏 내가 경험했던 인생은 그러했다. 물질적 가치만을 맹목적으로 찾았을 때는 도리어 전도되어 쉽게 그 일을 하지 못한다. 그러나 진정 나의 일을 사랑할 때, 나의 강점과 정체성을 깨달았을 때 많은 것들이 부수적으로 따라오게 된다. 그 가치를 잊지 않았기에 송파 종로엠에서 있었던 5년은 나를 더욱 성장시키고, 가치관을 확립하는 계기가 되었다. 강사로서 인지도가 높아지던 시점, 그 시기에 지금의 남편을 소개받게 된다.

잊히지 않는 제자들

송파 종로엠에서 강의하며 난 참 많은 일을 경험했다. 그중 가장 기억에 남는 제자가 있다. 서글서글한 웃는 인상의 남학생이었으며, 키는 큰 편이었고 이목구비가 뚜렷한 외모였다. 공부를 아주 잘하는 학생은 아니었지만, 수업 태도는 좋았던 학생이었다. 종합반 국어 수업 시간에서 이 친구를 처음 봤는데 그 시절 무릇 다른 학생들이 그러했던 것처럼 선생님에 대한 선망이 있는 아이였다. 처음에는 앉아 있는 것도 힘들어하는 학생이었지만, 나를 만나고 공부에 대한 열의가 생기며 국어 성적이 쑥쑥 오르기 시작했다. 그는 쉬는 시간에도 나를 졸졸 따라다니며 참 귀여운 질문을 했던 것 같다.

"선생님, 국어 공부는 어떻게 하면 잘할 수 있나요?"
"마음 잡고 공부를 하는 게 쉽지 않은데, 어떻게 집중력을 높일 수 있나요?"

"선생님, 어느 동네에서 출근하시나요?"

그 나이대 학생들 특유의 기발하고 엉뚱한 질문을 했던 나의 제자. 나를 만나고 국어 공부가 재미있어졌다며 헤실대던 그 친구의 발랄함이 기특했던 것도 같다. 그러던 어느 날부터, 그 친구가 갑자기 학원에 나오지 않았고 얼굴을 못 본 지 2주 정도 지난 뒤, 어머님께 연락을 드렸다. 아버님 사업이 갑자기 힘들어져 한 달 동안 아이를 할머니 댁에 보냈다는 것이었다. 그래서 얼마간은 학원을 보내지 못할 것 같다는 힘든 이야기를 전해주셨다. 수업을 다 마치고 상담 실장님께 어떤 상황인지 여쭈어본 뒤, 구체적으로 사연을 전해 들었다.

당시 제자는 이제 막 공부에 흥미를 붙여 중학교 전 과목 성적이 오르는 중이었다. 게다가 지금의 중요한 시기, 잠깐의 멈춤은 고등학교 진학 성적에 큰 영향을 줄 수 있을 터였다. 교실로 돌아와 많은 고민을 했다. 내가 이 제자에게 지금 도와줄 수 있는 게 무엇일지 하고 말이다. 이틀간 고민하다, 수화기를 무작정 들었다.

"아드님이 참 열심히 하고 있는 중요한 시기입니다. 공부를 멈추는 것이 안타까워 조금이라도 제가 힘이 되고 싶다는 마음에 연락을 드렸습니다."

차마 말을 못 이어나가시는 어머니께 결국 제자를 학원에 보내달라고 부탁했고 학원 수강료를 중학교 졸업할 때까지 대신 내드리겠다는 이야기를 드렸다. 어머님도 놀라셨지만 말하면서도 나도 놀랐던 것 같다. 지킬 수 있는 약속을 해야 하는데 난 어떤 용기로 이 말을 꺼냈던 것일까? 당시, 나는 선생님으로서 아이가 이 시기를 놓치면 또다시 공부에 흥미를 잃을 것 같아 걱정이었다. 학원 문을 열고 다시 돌아온 아이의 얼굴은 그 어느 때보다 의젓해 보였고, 내게 깊은 감사를 느끼는 듯했다. 그 이후 제자는 그 누구보다 공부를 열심히 했고 나와 더 많은 대화를 나누며 자신이 원하는 길을 찾을 수 있었다. 다행히 2년 동안 큰 문제 없이 학원에 다녔고, 지금은 회사원이 되어 자신이 맡은 일을 열심히 하며 살아간다.

아직도 제자는 그때의 은혜를 내게 이야기한다. 방황할 수도 있었을 시기를 선생님 덕분에 현명하게 잘 넘길 수 있었노라고. 선생님 덕분에 누군가를 자신이 가진 재능과 마음으로 돕는 일의 중요성을 깨달았다고 말이다.

당시 지금보다 어렸던 내가 어떻게 이런 결정을 할 수 있었을까 생각해 보면, 아이들을 향한 마음이 진심이었기 때문이었던 것 같다. 학생이 제 꿈을 찾는 데 도움이 되는 안정적인 환경을 마련해 주는 것, 따뜻한 마음을 나누어 주는 것만으로도 학생들은 깊은 사랑을 먹고 자란다.

이때부터 나는 아이들에게 공부만 잘하라는 말을 하지 않는다. 학생들 각자가 처한 상황과 그들이 겪고 있을 마음에 깊이 공감하며 내가 도와줄 수 있는 부분을 열심히 찾는다. 이런 나의 가르침이 세상을 좀 더 아름답고 풍부하게 바꾸어 갈 수 있을 것이라는 확신으로 말이다. 교육에 종사하는 사람이라면 꼭 이 부분을 가슴에 새기며 일해야 한다는 생각이 든다. 간혹, 이런 나의 마음을 악용하는 사람들도 있었지만, 나는 진심은 통할 것이라는 굳은 믿음이 있다. 어린 시절 선생님이 주는 한없이 넓은 마음으로 자라난 아이들은, 사회에 그 가르침을 베풀며 산다. 그 친구는 아직도 내게 잊히지 않는 제자가 되었고, 교육자로서의 사명을 더욱 깊게 만들어 준 고마운 학생이 되었다.

방관이 남긴 상처

　종로엠 학원에서 강의할 때, 내 인생 전체를 바꾼 사건이 있었다. 중학생 때부터 나와 함께 공부한 친구의 이야기를 해보려고 한다. 그 학생에게 고3 때 일어난 사건으로 아직도 그 일이 내게 생생한 기억으로 남아 있다. 그 친구는 문정 훼밀리아파트에 살았으며 부모님들께서는 두 분 다 교수님이셨다. 넉넉한 가정 형편과 함께 학부모님들의 공부에 대한 열의가 대단했던 학생이었다. 중학생 때는 무척이나 해맑았던 제자가 고등학생이 되면서 점점 얼굴이 어두워지는 것이었다. 반이 달라져 담당하고 있지 않은 학생이었음에도 계속 마음이 가서 따로 불러서 5분간이라도 이야기를 나누었다.

　어느 날 굳은 표정으로 이 학생은 자신이 왜 살고 있는지 모르겠다는 이야기를 털어놓았다. 난 더 이상 학생을 방치하면 안 될 것 같아 어머님께 연락을 드렸다. 하지만 학부모님은 고등학생들이다 그런 생각을 한다며 아무렇지 않게 전화를 끊으셨다. 난 그 일을 그냥 넘어갈 수 없었다. 학생이 금방이라도 끊어져 버릴 것 같은 애처로운 생명의 끈을 겨우 붙잡고 있는 것 같았기 때문이다.

쉬는 시간마다 살짝씩 불러 근황을 물어보았지만, 학생은 대화할 때만 살짝 웃음을 보이다가 금방 어두워지곤 했다. 학원 선생님으로서 내가 도와줄 수 있는 부분을 계속 찾으려 노력했다.

그러던 어느 날부터, 며칠간 제자가 보이지 않았다. 연락했지만 연락이 닿지 않았다. 두세 달 정도 지나고 나서야 제자에게 연락이 왔다. 자신이 좀 아팠었다고. 지금은 과외 중이라며 짧은 안부를 전했다. 그래도 괜찮아서 다행이라는 생각으로 나는 마음을 가다듬을 수 있었다. 그렇게 봄에서 여름, 그리고 가을을 넘어 수능을 두 달 앞둔 시점에 나는 한 통의 급한 연락을 받았다. 그 학생의 어머님께서는 절망적인 목소리로 내게 말씀하셨다.

아들이 선생님만 찾는다고. 긴박함을 눈치챈 나는 일을 마치고 난 뒤 부모님이 알려주신 병원으로 당장 달려갔다. 제자는 1인실에 누워 있었고 나를 보더니 마치 어린아이처럼 울기 시작했다.

사실 고등학교에 진학하며 내신 성적에 대한 압박감과 부담감으로 잠을 잘 자지 못했다고. 부모님이 제게 바라는 기대가 너무도 큰 걸 아는데 살아갈 이유를 찾지 못해 힘든 날만 지속되었다고. 그렇게 말하는 아이의 얼굴은 잿빛이었다. 부모님의 큰 기대와 힘든 날들로 학생의 마음은 곪아가고 있던 것이다.

파리한 표정으로 병원 침대에 걸터앉은 제자는 한없이 연약해 보였다. 살이 많이 빠진 것 같았다. 부모님께 전해 들어보니, 자살 시도를 두 번이나 했었고 그 속에서 많은 상처를 받은 것 같았다. 하지만 부모님은 그 상황 속에서도 아이의 마음에 공감하려 하기보다, 다 큰 학생이 왜 이런 실수를 저지르는지 바깥의 시선에만 신경을 쓰고 있었다.

당장 수능이 얼마 남지 않은 시점, 현실만을 바라보고 지금이 얼마나 중요한 시기인지 아냐며 몰아쳤던 상황이었다. 그날 난 몸은 컸지만, 아직도 아이같이 무구한 제자를 감싸안으며 "괜찮다고, 다 괜찮아질 거다."라며 위로해 줄 수밖에 없었다. 학생은 마치 폭풍우에 휩쓸려 떠내려온 작은 새처럼 파르르 떨고 있었다.

생명의 위협을 느끼는 와중, 부모님께서는 무언가 깨달은 점이 있었을까. 이후 학생이 대학 진학을 포기했다는 소식을 다른 학생들을 통해 전해 들었다. 만일, 그때 좀 더 학생의 마음을 어루만져 주었더라면, 큰 상처가 새겨지는 것을 막을 수 있지 않았을까. 난 아직도 많은 후회가 남는다. 생기가 가득하던 학생의 중학생 시절이 아직도 기억에 남는다. 지금은 무엇을 하고 지내는지 궁금한 마음도 든다. 이 사건을 겪은 뒤, 부모님들이 고등학생들은 다 그런 스트레스 하나쯤은 겪으며 살아간다고, 방관하는 일은 죄라고 말씀드리고만 싶다. 학생의 내면을 세밀한 보살핌으로 잘 들여다본다면, 큰 피해를 막을 수 있기 때문이다.

용기로 재능에 꽃을
틔운 제자, 선아

 2024년 4월 나는 처음 선아를 만났던 그날을 아직도 생생하게 기억한다. 장안초등학교에 다니던 6학년 선아는 학원에 씩씩하게 혼자 와서 테스트를 마친 뒤, 나와 면담을 나눌 정도로 똑 부러진 아이였다. 면담을 나누기 전 선아의 눈빛은 많은 것을 이야기하고 있었다. 글쓰기에 관심이 있었던 자신의 재능을 어떻게 하면 좀 더 발전시킬 수 있을까. 부모님이 신경 써주기 어려운 여건 속, 어떻게 하면 내 꿈을 펼칠 수 있을까. 이렇게 복잡한 감정을 품고 있던 선아는 면담 자리에서 자신의 생각을 또렷하게 표현하는 법을 잘 알고 있었다. 그 면담 속에서 나는 선아의 마음을 읽어냈다.

 '해야 하는 걸 알지만 꼭 이 공부를 해야 할까? 이 선생님이랑 내가 잘 맞을까? 맞아. 두렵지만 내게 꼭 필요한 공부였잖아. 더 늦기 전에 해야지!'

부모님이 시켜서 하는 게 아닌, 학생 스스로 자신의 관심사를 좀 더 향상하기 위해 나를 찾아온 경우는 굉장히 드문 일이었다. 특히 사춘기 시절 많은 친구들이 두려워하고 걱정하고 있는 부분을 솔직하게 표현하는 건 쉽지 않기 때문이다. 하지만 선아는 또래 친구들보다 더 도전적이고, 용기를 내는 성격이기에 나를 찾아와 자신의 재능에 싹을 틔울 수 있었다.

"선생님. 저는 책 읽는 것이 좋아요. 이 내용을 바탕으로 내 경험과 연결 지어 글을 쓰는 일도 재미있고요."

덕분에 선아는 나와 함께 공부한 뒤 여러 글짓기 대회에서 수상하는 결과를 얻을 수 있었다. 처음에는 똑 부러지게 자신의 의견을 말하는 것과는 달리 문장을 쓰는 것 자체를 힘들어하던 학생이었는데, 책을 많이 읽고 노력했더니 글쓰기 실력이 쑥쑥 자라나는 게 눈에 보였다. 글쓰기는 마치 계단을 올라가는 것 같은 점층적 발전 단계를 거치는 분야다. 시간을 들인다면 더디지만 꾸준히 성장할 수 있는 정직한 분야이기 때문이다. 선아 역시 차분히 제 의견을 표현하고 글을 연마했더니 논리적으로 글을 써 내려갈 수 있었던 것이다.

내게 찾아온 친구들 중 실력이 눈에 띄게 성장하는 학생들에게는 공통점이 있다. 바로 긍정적이고 도전적인 사고를 갖춘 학생들이라는 점. 그렇기에 사춘기라는 어려운 단계도 수월하게 이겨낼 수 있었다. 자신이 어떤 장점이 있고, 어떤 꿈을 향해 나아갈지 명확히 아는 친구들은 이 시기를 더 성숙하게 보낼 수 있는 것이다. 앞으로 그녀가 그려갈 미래의 그림이 더욱 기대되는 이유이기도 하다.

부모의 욕심보다
아이의 가능성을 믿어주는 일

아이들과 함께 있는 수업 시간은 늘 행복하고 열정적으로 가르치며 나 역시 보람을 느낀다. 하지만, 학부모님과 상담을 나눈 뒤에는 힘이 많이 풀릴 때가 있다. 아이를 위한 공부인지 부모의 욕심을 채우고 싶은 공부인지 때로는 이해가 되지 않는다. 자신의 아이에 대해 부모는 객관적이지 못하다. 하지만 객관적으로 판단해야 할 때는 바로 내 자식이 이 공부가 왜 필요한지를 판단할 때다. 학원 상담 사례 중 초등학생 친구에게 엄청난 학원 순회 일정을 강요하시던 학부모님이 기억에 남는다.

"국어, 영어, 수학 하물며 줄넘기까지 과외를 시키는데 왜 아이가 학교 공부에 잘 못 따라갈까요?"

그분은 아이가 학급 내 중간 수준에 머물러 있는 게 고민이라고 하셨다. 아이에게 물어보니 그는 수업 중에도 자주 졸고, 숙제도 꾸역꾸역해 가는 경우가 많았다. 자연스레 학교생활 적응이 어려워 흥미가 떨어진다는 것이었다.

"뭐가 가장 힘드니?"

나의 질문에 아이는 한숨을 푹 내쉬며 말했다. 늘 피곤하고, 쌓여 있는 숙제만 생각하면 힘들다는 것. 자신이 뭘 잘하는지도 모른 채 학원만 돌아다니다 보니 공부가 너무 재미없다는 것이었다. 이 말에 가슴에 큰 돌덩이가 내려앉은 듯 갑갑해졌다. 아이는 학원, 과외가 가득 찬 일상 속 행복을 느낄 새가 없었다. 아직 초등학생이었음에도 공부와 삶의 균형이 어긋나 있는 모습이 안타까웠다. 부모님의 기대에 부응해 공부를 의무로 받아들이는 어린아이에게 학교생활은 또 다른 부담일 뿐이었다.

나는 학원 수를 줄임과 동시에 지금 시기엔 아이가 여러 경험을 쌓는 게 더 중요함을 말씀드렸다. 지금 당장 성적은 일시적일 뿐, 동기 부여가 되지 않으면 의미가 없다는 것을 강조하며 말이다. 학부모님은 잠깐 멈추어 생각하시더니 고개를 끄덕이며 집에 돌아가셨다. 며칠 뒤 어머님께서 다시 연락을 주셨다.

아이와 그동안 깊은 이야기를 할 여유가 없었는데, 선생님의 말씀을 듣고 난 뒤 마음속 깊은 이야기를 아이가 먼저 꺼내더라고. 좋아하던 만화 공부를 하고 싶다고 하여, 국영수 학원 수를 줄이고 스스로 만화를 보며 그림을 그리는 시간을 늘리고 있다는 이야기였다. 넉넉해진 일정에 다시 활기를 띤 아이 덕에 집안 분위기도 바뀐 것 같다며 내게 감사함을 전했다.

대부분의 학부모님은 옆에서 아무리 공부 과외를 시키더라도 스스로 불안해하며 걱정하는 면이 많다. 내가 직접 내 아이를 가르치는 일은 정말 어렵기 때문에 무조건 학원 수만 늘리며 그 걱정을 해소하려는 분들이 많다. 또한 주변 아이들은 다 한다는 걱정과 자존심으로 남들이 다 간다는 학원은 꼭 보내고 싶어 하는 분들이 있다. 내 아이에 대한 정확한 이해 없이 학원만 강조하는 일은 결국 아이들을 망치는 지름길이라고 말하고 싶다.

  부모의 마음대로 아이를 키우는 일은 정말이지 힘들다. 하지만 어른으로서 다양한 길을 제시하고, 가능성을 꿈으로 확대할 수는 있다. 객관적으로 내 아이에게 필요한 게 무엇인지 판단하고, 부모로서 할 수 있는 한 최선을 다한다면 아이는 충분히 그 사랑을 먹고 올바르게 자랄 것이다.

나를 다시 일으킨 힘

 송파 종로엠에서 근무하던 당시, 입소문으로 수업 시간이 늘어나고 요청이 많아지자 몸이 열 개라도 모자랄 지경이 되었다. 또한 바른 소리를 잘해서인지 나를 불편해하는 학부모도, 선생님들도 적지 않았다. 나 역시 사람인지라 상처를 받는 일이 없지는 않았다. 눈을 질끈 감고 못 본 척, 못 들은 척하며 지내보려 한 적도 있었다. 그렇다고 나를 욕하는 사람들이 두려웠던 건 아니다.

 사실 욕은 내게 두려움이 되지 않았다. 문제는 명예를 얻지 못한 나 자신이 싫었고, 그저 성적만을 위해 공부를 가르치고 있는 내 모습이 싫었다는 점이었다. 아이들에게 공부에 대한 합당한 동기 부여를 주고 싶은데, 시간에 쫓겨 지식만을 전달하는 내 모습이 싫었다. 그런 자격지심이 나를 가장 크게 흔들었던 것 같다. 아이들의 잘못된 미래가 그려지는 걸 그냥 두고 볼 수 없었다. 하지만 내가 혼자 노력한다고 해서 과연 아이들의 미래가 달라질 수 있을까?

'내가 뭔데, 어떻게 그걸 바꿀 수 있을까?'

그런 회의감과 함께 현타가 몰려왔다. 차라리 평범하고 조용히 살아가는 것이 더 나은 선택 아닐까 하는 생각도 들었다. 그렇게 모든 것이 두렵게만 느껴지던 시기가 있었다. 하지만 포기하지 않으려 악착같이 노력하며 하루하루를 버텼다. 그러던 어느 날, 예상치 못하게 오토바이에 치이는 사고를 당했다. 가해자는 그대로 도망가 버렸고, 다친 몸으로 가장 먼저 떠오른 생각은 단 하나였다.

"수업은 어떻게 하지? 아이들이 기다릴 텐데…"

아픈 다리를 부여잡고 택시를 타고 오금동의 정형외과로 향했다. 검사 결과는 오른쪽 발 네 번째와 다섯 번째 발가락 골절. 깁스를 하고 경과를 지켜보아야 한다는 말에 한순간 앞이 깜깜해졌다. 학원에 이 상황을 알리자, 선생님들은 내가 너무 많은 수업을 하고 있으니 새로운 선생님을 뽑아야 한다는 의견을 내놓았다. 하지만 원장님과 데스크 상담 실장님은 "이경아 선생님이 돌아올 때까지 기다리자."고 했다고 한다. 그때 내게 중요한 건 그런 의견들이 아니었다.

내가 신경 썼던 건 오로지 아이들뿐이었다. 몸이 아픈 것보다 더 고통스러웠던 건, 아이들에게 내가 할 수 없는 일을 끝까지 책임지려다 오히려 그들에게 피해를 줄 수 있다는 사실이었다. 아이들은 모두 진학을 앞두고 있는 중요한 시기였기 때문이다. 결국 나는 결단을 내렸다. 내가 잠시 떠나 있는 동안 아이들에게 더 안정적인 환경을 제공할 수 있는 방법을 찾아야 했다. 그래서 학원에 내 자리를 채워줄 선생님을 빨리 구해달라고 요청했다. 내가 책임질 수 없는 상황을 억지로 끌고 가는 건, 아이들을 위해서도, 학원 선생님들과 원장님을 위해서도 옳지 않다고 생각했기 때문이다.

그 결정을 내리기까지 수없이 갈등했다. '내가 정말 이 상황을 잘 넘기지 못한 걸까? 끝까지 버텼어야 했던 게 아닐까?' 하지만 내 한계를 인정하는 용기가 더 필요했다. 도약을 위한 쉼이 필요했다. 그렇게 학원을 떠나기로 결심하며, 잠시나마 스스로를 돌아보고 회복할 시간을 가지기로 했다. 그 시간은 내게 많은 것을 깨닫게 해주었다. 책임감이란 끝까지 버티는 것만이 아니라, 상황에 맞게 물러설 줄 아는 것도 포함된다는 것을.

그리고 무엇보다, 내가 먼저 단단해져야 주변을 지킬 힘이 생긴다는 것을. 그 후 한 달 반이라는 시간 동안, 가족들과 많은 시간을 보내며, 지금의 남편과 많은 대화를 나누며 힘든 시간을 견뎌냈다. 그 시간은 내게 큰 위로와 깨달음을 주었고, 결국 더 단단해진 마음으로 다시 사회로 나올 수 있었다.

Chapter 3

인생의 새로운 느낌표, 가정

그와의 첫 만남

 남편을 처음 소개해 주신 분은 내게는 교수님이시자, 남편에게는 위원장님이셨다. 교수님이 나를 잘 봐주셨다는 생각에 너무 감사하기도 했지만, 나보다 웃어른이 소개해 주시는 자리가 부담스럽기도 했다. 더욱이 당시 많은 강의 일정이 잡혀 있었기에 번거롭다는 마음이 컸던 것도 같다. 여러 번 약속을 잡고 취소하기를 반복했다.
 2017년 8월, 드디어 잠실 근처 신천 앞 맥도널드 앞에서 그와 만났다. 매번 내가 먼저 약속을 취소했음에도 불구하고 계속 기다려 준 게 미안해서, 밥이라도 사야겠다는 마음뿐이었다. 처음 만났을 때 그는 청바지에 티셔츠를 입은 상태였다. 평소 내가 좋아하지 않는 스타일이기도 했고, 외적인 모습 역시 평범하다는 생각이었다.
 인사를 나누고 식사하며 이야기를 나누는데 지금까지 만났던 사람들과 다르다는 생각이 먼저 들었다. 진실 어린 눈빛과 끄덕임,

그리고 때마다 적절한 호응이 이어졌다. 이 사람은 내 이야기에 공감을 해주었던 것이다. 상대를 저울질하지 않고 있는 모습 그대로를 바라봐 준다는 점에서 인품이 좋고, 제대로 배운 사람이라는 인식을 받았다.

그때부터 외적으로도 잘생긴 사람처럼 느껴지기 시작했다. 나 역시 마음을 터놓고 대화하며, 이 사람의 직업, 학벌과 같은 것을 따지지 않고, 말과 행동하는 모습을 하나씩 보기 시작했다. 만난 지 얼마 되지 않아, 그때부터 직감했다. 이 사람이라면 내 부족함을 채울 수 있고, 나 역시 이 사람의 부족함을 채워줄 수 있지 않을까. 인연은 참 신기하다. 애써 안달복달하며 찾지 않았는데 평소 생각해 본 적 전혀 없던 사람과 평생을 약속하다니. 일에만 매여 있던 내가 이런 생각을 하는 게 참 신기했다. 서서히 그렇게 서로에게 스며들었다. 그렇게 우린 서로에게 필요한 사람이 되기로 했다.

가족의 일부가 되다

신랑은 현실적인 사람이었다. 두 달 정도 만날 때쯤 그가 먼저 부모님과 인사를 하고 싶다는 이야기를 꺼냈다. 부모님께 이렇게 좋은 남자를 빨리 보여드릴 수 있다는 생각에, 나 또한 바로 고개를 끄덕였다. 부모님과 그와의 첫 만남은 문정동에 있는 한 카페에서였다. 오랜 시절 삼성 제일모직에 재직하셨던 아버지는 그동안 수많은 지원자 면접을 본 경험이 있으셔서인지, 오빠를 아주 편안하게 대했다. 몇 가지 질문이 이어졌고, 바로 딸 자랑을 하기 시작하셨다.

막내딸인 내가 애교도 많고, 사춘기도 한번 없이 부모님을 힘들게 한 적 없다는 자랑이었다. 천사 같은 어머니는 그런 아버지의 말에 계속 웃기만 하시고 신랑이 먹는 것이나 불편함이 없는지 알뜰살뜰 그 자리를 챙겨주셨다. 짧은 만남을 뒤로한 뒤, 부모님과 우리는 자주 만나며 차곡차곡 추억을 쌓아나갔다.

그런데, 갑자기 아버지에게서 전화가 왔다. 엄마가 아프셔서 삼성병원에 가야 한다는 말이었다. 그때까지만 해도 난 대수롭지 않게 생각했다. 늘 씩씩하고 건강하셨던 우리 어머니니까 금방 나아서 일상생활을 하실 수 있을 거라는 확신뿐이었다. 하지만, 생각보다 충격적인 결과지를 받아 들었다. 어머니가 대장암 3기 말기와 시한부 3개월을 판정받으신 것이다. 처음엔 의사 선생님께서 수술이 어렵다는 말을 전해주셨다고. 그 말을 내게 전하던 아버지의 낯빛은 어둡고 슬퍼 보였다. 아버지는 어떻게든 엄마를 살리고 싶은 마음뿐이셨다. 실낱같은 희망이라도 잡기 위해 수술만이라도 해달라는 말을 간곡하게 부탁드렸다고 하셨다. 그 마음이 전해졌을까. 의사 선생님은 수술 날짜를 잡아보겠다고 하셨고, 이후 바로 수술에 들어갔다. 현 상황을 모르는 어머니에게 가족들은 솔직하게 이야기할 수 없었다. 혹시라도 좋지 않은 상태를 알고는 좌절하실 것 같았기 때문이다.

수술 직후, 어머니는 이미 직감으로 알고 계셨던 것 같다. 암이 이미 많이 진행된 것을 말이다. 이때부터 어머니의 의지가 불타올랐던 것일까. 어머니는 포기하기보다 암과 관련된 서적을 읽기 시작하셨다. 암을 이겨내겠다는 생각으로 더욱 건강을 돌보셨다. 민간요법부터 알려진 치료법을 총동원하여 시한부 판정을 바꾸기 위해 노력하셨다. 그 결과로 3개월의 시간을 7년 반이라는 시간으로 연장하실 수 있었다.

그동안 큰 수술을 세 번 정도 하시고, 항암치료를 받으시며 숱한 통증을 겪어내셔야만 했다. 입원을 반복하시는 와중, 우리 가족 역시 함께 고통을 나누어 가졌다. 하지만 가족이기에 모든 것이 가능했다. 투병 중이던 어머니는 마지막 소원으로 막내딸이 결혼하는 모습을 보고 싶다고 하셨다. 그 말이 가슴에 얹힌 듯 걸려, 예상보다 더 빠르게 결혼을 준비했다. 어머니가 항암치료를 받는 기간인, 2009년 9월 5일 난 결혼식을 올렸다.

결혼을 준비하는 것도, 어머니를 챙겨드리지 못하는 것도, 일하는 것도 모든 게 나에게는 버거웠다. 마음엔 어머니에 대한 걱정이 가득했고, 무엇을 해야 하는지도 잘 알고 있었지만, 현실을 외면할 수도 없는 노릇이었다. 회사 생활을 했다면 휴가라도 썼을 테지만, 과외는 책임감과 소문 때문에 개인 사정으로 쉬기라도 하면 지금까지 쌓은 경력과 인지도가 한순간 날아갈 수도 있었다. 복잡한 마음으로 편할 날이 없던 시기였다.

엄마의 가르침

내 딸 김아인이 벌써 열 살이다. 난 이 친구와 보내는 시간이 진심으로 감사하다. 우리 부부는 결혼하고 4~5년 정도 지나는 시간 동안 아이가 생기지 않았다. 3년 되는 해에는 자궁외임신을 하여 힘든 시간을 보내기도 하였다. 당시 몸이 회복되려면 시간이 필요하다는 것을 알고 있음에도, 일을 쉬고 싶지 않았다. 오히려 일을 쉬면 오롯이 아픔을 느끼게 될 것만 같아서 피하려 했는지도 모르겠다. 그저 시간이 흘러가는 대로 내 몸과 마음을 맡겼다. 이때 엄마 역시 암과 싸우고 계셨기에 난 내가 겪는 개인적인 아픔 따위는 아무것도 아니라며 스스로 인정하려 하지 않았다.

시간은 빠르게 또 흘렀으며 2014년 1월 31일 엄마와 우리 가족은 작별을 맞이하였다. 엄마의 빈자리를 제대로 느낄 수 없었다. 더 많은 일을 일정에 채워두고, 바쁘게 살아갔으니까. 그 빈자리를 느끼는 게 겁이 났던 것도 같다. 제대로 소화되지 못한 슬픔은 내

안의 빈 구멍을 꼭꼭 채워 넣었던 듯하다. 그러던 중, 2014년 9월 소중한 아기가 우리 부부에게 찾아왔다.

　아이가 생겼다는 것을 안 순간 복잡한 감정으로 온몸이 파도처럼 넘실댔다. 새 생명이 나를 찾아왔다는 설렘과 함께 감사함이 컸지만, 엄마를 잃은 상실감을 다시 한번 실감했다.

　문득 엄마가 집에 가져다주셨던 반찬통을 집 냉장고에서 발견했다. 엄마가 아프기 전 나누었던 사소하지만 즐거웠던 대화, 그리고 나를 걱정하며 하시던 잔소리가 귓가를 스쳐 지나갔다. 나는 애써 엄마의 죽음을 외면하려 했는지도 모른다. 빈 반찬통을 끌어안고 한참을 울었던 것 같다. 받아들이기 싫었던 엄마의 빈자리와 슬픔을 이제야 제대로 느낄 수 있었다. 이제까지 나는 죽음에 대한 두려움을 피했고 용기가 나지 않았던 것 같다.

　엄마에게서 받았던 무한한 사랑이 그제야 내 안에서 무럭무럭 자라났다. 한 생명을 뱃속에 품은 이상, 이 아이에게 든든하고 울창한 나무가 되어주어야겠다는 결심 역시. 엄마의 부재는 단지 소중한 누군가를 잃었다는 것이 아닌, 내가 더 큰 사랑을 줄 수 있게 하는 큰 원동력이 되어주었다. 더 이상 아픔을 외면하거나 슬픔을 피하지 않게 되었다.

　한때는 엄마와의 연결고리가 끊어져 좌절하고 아파했지만, 이젠 나와 엄마의 사랑을 이어주는 새로운 연결고리, 아인이가 있다는 것을 안다. 나의 모든 감정을 오롯이 받아들이는 꼬물거리는 생명체, 아인이를 보고 무수한 감정을 느낀다. 문득 아이를 키우며 엄마가 나를 키우며 느꼈을 감정을 상상해 본다.

형용할 수 없는 기쁨과 사랑, 그리고 나를 보호하려던 크나큰 마음까지. 아마도 이런 것들이 아니었을까 조금씩 추측해 볼 뿐이다. 그래서 나는 종종 딸에게 이런 말을 한다. 엄마가 이 세상에 없을 때도 무서워하지 말라고 말이다. 엄마가 생각날 때마다 이 책을 보면 마음의 안정을 찾을 수 있을 거라고. 바로 네 곁에 있다는 걸 느낄 수 있을 거라고 말이다.

하지만 아인이는 아직 어린아이이기에, 금세 눈시울이 붉어지며 고개를 젓는다. 엄마는 분명 백 살도 넘게 살 거라고 소리치며 울음을 터뜨린다. 아이에게 슬픈 감정을 알려줘야 하는 나 역시 마음이 아프다. 하지만, 세상을 살아가다 보면 늘 기쁜 감정만 겪을 수 없지 않은가. 아인이가 힘들지 않게, 받아들일 수 있게 다양한 감정을 계속 조금씩 알려주는 것이 필요하다. 이게 바로 부모만이 할 수 있는 가르침이니까.

다른 속도의 사랑

처음 만남부터 신랑은 나와 다른 구석이 많은 사람이었다. 정반대라는 게 끌리는 이유가 될 수 있듯이, 서로에게 이끌리듯 시작한 연애는 곧 결혼으로 이어졌고 그렇게 나의 결혼 생활이 시작되었다. 처음 신혼집을 마련한 곳은 구미동 대림아파트였는데 20평대의 소담한 아파트를 신랑과 매매하여 예쁘게 꾸미며 살아갔다.

난 이 남자와 살면서 무척 궁금했다. 어떤 일을 할 때는 걱정이 많았고, 자기 자신을 늘 겸손하게 평가했으며, 모든 부분에 신중했다. 나와는 너무나 많은 것이 달랐다. 난 걱정이 별로 없었고, 내 자존감은 하늘을 찔렀으며 모든 부분에 상황에 따라 빠른 판단을 내리는 것이 장점이었다.

비단 물건을 하나 살 때도 굉장히 다른 면모가 있었다. 난 한눈에 들어오는 물건은 '바로 이거다' 싶어 사는 성격인데 신랑은 이것저것 전부 비교해 보고 두세 달이 걸리더라도 꼼꼼하게 요건을 따겨보지 않으면 함부로 사지 않았다. 신혼집에 필요한 가전제품을 사러 갔을 때였다. 나는 매장에서 보자마자 한눈에 들어온 냉장고를 구입하고 싶었지만, 신랑은 가격이나 스펙, 그리고 상세 구성까지 꼼꼼하게 확인해야 한다는 것이었다. 신혼의 설렘이 반감되는 그의 행동에 속상했지만, 서로 다른 부분이 있으려니 하고 이해하려 했다.

하물며 집 청소를 할 때도 당연히 많이 달랐다. 나는 설거지, 빨래 등 다양한 것을 한 번에 청소하는데 신랑은 느긋이 시간을 두고 청소하는 스타일이었다. 정말 모든 것이 달랐다.

일상생활을 공유할 면이 적었던 연애 때는 신랑과 싸울 일이 적었다. 우린 서로를 존중했으니까. 그러나 신혼 때 함께 생활 반경을 공유하며, 나와 그는 많은 것이 다른 사람이고 자존심도 무척 세다는 걸 느끼게 되었다. 별일 아닌 일 역시 투닥거리다 보니 큰 싸움으로 번졌고, 싸늘한 침묵 속에서 시간이 흘러갔던 날도 있었다.

속으로 화를 삭이며 아이들을 가르치던 중, 깨달았다. 아이들 역시 무척이나 다양한 성향과 대화 방식이 있는데 신랑 역시 내가 큰 마음으로 보듬어 주지 않았던 것은 아닐까. 그 후, 나는 아이들을 대하는 배려와 양보의 마음으로 신랑을 생각하려 노력했다. 상대에게 나와 완전히 같은 마음이길 바라는 건 있을 수 없는 일이지 않은가. 공감하기 위해 더 많은 이야기를 나누었더니 서로에게 쌓여 있었던 갈등이 눈 녹듯 사라졌다. 신랑 역시 나를 위해 쉬는 날이면 꼭 계획을 세워 근교라도 데리고 다니려 했다. 이렇게 서로에게 집중하는 시간을 가졌더니 우리 관계 역시 굉장히 좋아졌다.

그때부터 나는 신랑을 조금씩 이해할 수 있었고 답답하게만 여겨졌던 신랑의 성격이, 결코 나쁘지 않다는 걸 깨달았다. 심사숙고한 이후에 구입한 물건은 만족도가 오래갔고, 현실적이고 객관적인 시선은 실수를 줄여주는 장점이 있었다. 사람마다 속도의 차이가 있을 뿐, 모든 시야에서 배울 점이 있다는 것을 말이다. 가끔은 아이들을 대하는 태도 속에서 삶의 이치를 얻고, 생활을 더 윤택하게 잘 살아가는 너른 마음을 배운다.

사랑으로 빚은 나날

　결혼과 출산은 내 삶을 더욱 풍요롭고, 성숙하게 만드는 경험이 되어주었다. 남편을 만나고 내 딸을 키우며 매일 더 많은 걸 배우고 있다. 아인이는 38주 때 3.62kg으로 탄탄하게(태명) 태어났다. 또래보다 잘 먹고 잘 큰다는 산후조리원 선생님들의 이야기에 대견하고 뿌듯했던 것도 같다. 산후조리원에서도 유독 커서 선생님들께서 힘들어할 정도로 건강한 아이였으니 말이다.

　3주 동안 산후조리를 하고 집에 와서 내 딸과 함께 시간을 보낼 수 있어서 행복했지만 어려움이 많았다. 갓난아이가 모두 그러하듯이 깊은 잠을 못 자고 두세 시간마다 깼으니 말이다. 특히 밤중에는 더 심했다. 처음에는 초보 엄마라 이유를 알 수 없어 더 어려웠고, 아무리 안고 달래도 자지 않아서 막막함뿐이었다. 오랜 강의 경력으로 아이들이라면 잘 다룰 수 있을 거라고 자신했던 게 오산이었다.

초·중·고등학교 학생과는 달리 갓난아이는 내 말을 잘 알아듣지 못했고, 시도 때도 없이 울며 보챘다. 그때부터 예민함이 몰려왔으며 얼굴엔 짙은 다크서클을 달고 살아야만 했다.

내가 더 피곤했던 이유는 완벽주의적인 성향 탓도 있었던 것 같다. 평소에 늘 일하며 학생들에게 멋진 모습을 보여줘야 한다는 생각에 아이가 태어난 뒤로도 스스로 돌보아야겠다는 마음가짐이 있었다. 아인이가 자는 시간, 그 시간만이 내 시간을 갖는 유일한 시간이었기에 수업 준비를 철저히 하거나, 그날 하루의 계획을 세워 두었다. 결혼하고 아이를 낳고도 멋진 스승님의 모습을 꾸준히 보여주고 싶었기 때문이다. 더욱이 내 일에서의 철저함을 잃고 싶지 않았던 것 같다.

특히 딸이 일어나기 전에 내가 먼저 일어나 씻고 준비를 했는데, 간단한 스킨케어나 헤어스타일링을 하며 내가 좋아하는 옷을 입는 것 역시 나만의 작은 보상이었다. 그렇게 준비한 이후 이제 막 잠에서 깨어난 아이가 '으앙' 하고 울었고, 완벽한 모습으로 아이를 안아주고 돌보았던 것 같다.

'그 시간에 더 잠을 자면 덜 피곤했을 텐데'라는 생각을 할 수 있지만 난 씻지 못하고, 준비를 못 하면 오히려 나의 하루를 망친다는 생각으로 스트레스를 무척이나 받는 성격이다. 준비하는 시간에 오늘 하루의 계획을 세우기도 하고 내면을 조용히 들여다보기도 한다. 아이가 태어나고 상황이 많이 바뀌더라도 가장 중요한 것은 나 자신이기에 스스로를 소중하게 여기는 시간은 꼭 필요하다는 생각이 든다.

다행히 나의 사랑스러운 아기는 모유도 분유도 다 잘 먹는 효녀였다. 가끔 잘 안 맞는 분유를 먹었을 때는 분수토를 하거나 내내 버둥거렸을 때도 있었다. 밥을 먹인 뒤 새벽에 트림을 시키지 않으면 바로 잠들 수도 없었다. 일과 육아를 병행하는 게 고되다는 생각도 했지만, 내 삶이 분명 다채로워졌다는 건 부인할 수 없다.

신랑은 나의 완벽주의적 성향을 잘 알고 있을뿐더러, 육아는 옆에서 누가 밀착해 도와줄 수 없는 상황이라는 걸 잘 알고 있었기 때문이다. 더욱이 내가 아무에게나 아인이를 맡기기 싫어해서 도우미를 부르지 않는다는 걸 이해하고 있었다. 다만 그는 육아 조력자답게 내가 힘들어했던 부분을 말하지 않아도 옆에서 도와주었다. 퇴근하고 오면 내가 바로 잠을 잘 수 있게 아이의 젖병을 씻거나, 목욕을 도와주었다. 꼬물거리는 딸아이의 머리맡에서 새벽 두세시까지 아이를 돌보며 희생했다는 것을 알고 있다. 다음 날 본인 역시 출근해야 하는 상황이었음에도 아이를 품에 안고 달래주었다. 그럼에도 피곤한 내색 없이 늘 미소를 지으며, "고생 많다."며 나를 먼저 위로해 주었다.

아인이는 그런 엄마, 아빠의 마음을 알았던 것인지 그 후, 새벽에는 더 이상 깨지 않고 6시에 일어나기 시작했다. 그의 세심한 배려 덕에 나는 내 몸과 마음을 함께 잘 돌볼 수 있었고 일을 포기하지 않고 이어갈 수 있었다. 내게 소중한 남편과 딸아이에 대한 이야기를 책에 꾹꾹 담아낼 수 있는, 지금 이 시간이 그래서 더욱더 소중하다.

Chapter 4

삶의 이정표가
되어주는 아이들

삶의 방향은 내 안에 있다

중학교 때 만난 제자가 벌써 군대를 다녀왔다. 그동안 가르친 수많은 제자 중 한 명이 지금도 생각이 많이 난다. 이 친구는 중2 때 소개로 내게 왔던 친구인데, 부모님은 일이 너무 바쁘셔서 홀로 택시를 타고 왔다 갔다 해야 하는 상황이었다.

이 친구를 처음 만났을 때 얼굴엔 장난기 가득한 미소가 가득했는데, 누가 봐도 '개구쟁이'라는 걸 느낄 수 있는 학생이었다. 익살스러운 표정에서 공부를 정말 하기 싫어하는 학생이라는 것을 읽어낼 수 있었다. 그래도 태도가 바르고, 밝은 에너지를 가진 친구라 그런 모습이 사랑스러워 보였던 것 같다. 이야기를 나누어 보니 학교에서 운동도 잘했고 교우관계도 좋아 제법 인기가 많았던 학생이었다. 2~3개월 과외를 하는 기간이 지나며 그 제자는 진지한 이야기를 내게 털어놓기 시작했다.

"선생님, 저는 진짜 하고 싶은 게 있는데, 엄마한테 이야기해도 도무지 들어주지 않아요!"
"진짜 네가 하고 싶은 게 있다면 부모님께 먼저 신뢰를 드린 뒤, 진지한 이야기를 요청해 보렴."

그날의 대화 이후, 잠시 고민하던 제자는 조금씩 변화의 모습을 보여주었다. 평소 과외 숙제도 대충 해 오던 친구가 정성스럽게 숙제를 풀어 오기 시작했고, 학교 수업에도 이전보다 더 집중하는 모습을 보였다. 평소라면 택시를 타고 과외를 오며 핸드폰 게임에만 집중하던 제자가 이젠 영어 단어장을 외우며 공부에 몰입했다. 나의 제안을 긍정적으로 받아들인 제자는 부모님께서 좋아하시는 공부를 우선 해보고 성적을 낸 후 이야기를 드려보겠다는 것이었다. 얼마 뒤 시험 결과가 전 과목이 좋지는 않았지만 국어, 영어 과목의 성적은 눈에 띄게 좋아졌다.

나는 제자의 변화가 놀랍게만 느껴졌다. 학교 시험 기간에는 내게 추가로 질문할 것들을 준비해 왔고, 삶을 대하는 태도에 진지함과 열정이 가미된 듯한 느낌이 들었다. 좋은 성적을 받자마자, 제자는 기뻐하는 부모님께 자신이 원하는 꿈을 이야기했다. 사실 자신의 꿈은 디자이너라고.

바뀐 성적에 기뻐하시던 부모님께서는 학생의 말을 듣자마자 표정이 변하셨다.

"남자가 무슨 디자이너야!"
"가정을 꾸려나가려면 든든한 직장이 있어야지!"

제 꿈을 무시하는 이야기를 듣자마자 제자는 제 몸의 모든 기운이 빠져나간 듯 금세 풀이 죽었다. 단기간 집중했던 능력은 어디론가 사라지고, 다시 얼굴엔 공허함과 함께 제 나이대의 장난스러움이 어렸다. 내게 속마음을 털어놓던 제자는 겨우 힘을 짜내 이 이야기를 했다.

"제가 더 노력하면 뭘 해요? 결국 제가 살고 싶은 인생은 없고, 부모님이 원하는 대로 가야 할 뿐이잖아요."

그 후 이 제자는 힘들어했고, 난 빠른 결정을 내려야만 했다. 무릇, 선생님은 부모님과 학생 사이에서 솔직하게 소통하는 것도 중요하지만, 동시에 어떻게 도움을 줄 수 있을지 고민해야 하기 때문이다. 이 말씀을 꼭 드려야 계속해서 수업을 할 수 있을 것 같다는 말로 이야기를 시작했다. 어머님은 최대한 선생님 시간에 맞춘다고 하셨고, 판교의 한정식집에서 따로 식사 약속을 잡았다.

처음 제자가 과외를 시작하던 때, 공부에 집중하는 것조차 어려워하던 시기가 있었는데 마음속에 꿈이 생긴 뒤 많이 개선되었다는 이야기를 먼저 전했다. 요샌 꿈이 없는 친구들이 정말 많은데, 우리 제자는 대견하게도 미래에 되고 싶은 꿈이 있다는 게 있다는 게 다행이라는 말을 이었다. 처음 내 이야기를 전해 듣던 어머님의 표정은 좋지 못했다. 그러나, 아이가 점차 발전되고 있고, 또 성적이 향상되고 있다는 이야기를 전해 듣고는 무언가 결심이 선 듯 점점 바뀌셨다.

제자는 부모님께 제 꿈을 전달하기 위해 진심으로 노력하는 모습을 보였던 것이라고. 어머님께서도 무조건 반대하시지 말고, 아이의 꿈을 진심으로 들여다봐 주시라는 말을 전했다. 어머님께서는 분명 성적 관리를 이유로 내게 학생을 맡기신 거였겠지만, 내가 성적 외의 다른 부분까지 관리해 준다는 것을 알고 크게 감동받으신 것 같았다. 이후 부모님 역시 제자가 한다는 것을 전적으로 믿어주시고, 응원해 주시는 듯했다. 그 어떤 꿈일지라도 말이다.

이후 제자의 이사와 전학 등 개인적인 사정으로 수업이 지속되지는 못했지만, 그 후 끊임없이 힘들 때마다 내게 연락을 주었다. 그때마다 제자가 가슴 속에 품고 있던 꿈은 디자이너에서 엔지니어, 공학자나 교사로 다양하게 변했지만, 그 꿈 덕분에 학생은 방황하지 않고 꾸준히 노력할 수 있었다. 때마다 나는 학생의 전화를 받고 위로해 주었으며, 길을 잡아주었다.

대입 입시를 앞둔 어느 날, 제자는 자신이 정말 집중하고 싶은 목표가 생겼다고 하며 약 1년간 연락이 없었다. 이후, 대학교 합격자 발표가 나자 내게 가장 먼저 연락했다. 연세대학교에 합격했다며 말이다. 비단 공부가 좋은 학교만을 가기 위한 수단이 되기보다, 자신이 꿈꾸는 미래를 구체적으로 그리게 하는 바탕이 되어주었다고 이야기했다. 노력하면 보상이 따라온다는 것을 증명하고 싶었다고도 했다. 자신이 해냈음을 증명해 보인 제자는 그 어느 때보다 밝아 보였다. 만일 부모님의 기준대로, 그들이 원하는 꿈만을 가슴속에 새겼다면 제자는 충분히 행복하지 못하고 자아효능감, 성취감 또한 느낄 수 없었을 테다. 나는 이 경험을 통해 스스로 동기 부여가 생기는 것이 얼마나 중요한지 다시금 느꼈다. 오늘의 노력이 반드시 의미 있는 결과로 돌아올 수 있도록, 학생들에게 스스로 일깨워 주는 것. 그게 교육자로서 내가 가져야 할 자세임을 깨닫는다.

정체성을 찾는 교육

모든 일은 쉬운 게 없다. 내가 하는 일 역시 쉽지 않다. 누군가를 가르친다는 건 결코 쉬운 일이 아니다. 말처럼 지식만 전달한다고, 아이들의 학습 능력이 향상되는 것도 아니다. 아무리 뛰어난 학업 성취를 갖고 있다고 하더라도 참스승이 되지 못하는 이치와 같은 것이다. 약 20년가량 학생들을 가르치고 있지만, 하면 할수록 이 업의 무게를 절실히 실감하는 중이다. 아이들 내면에서 스스로 깨달을 수 있도록 변화를 유도하는 것, 한 명 한 명을 존중하고 마음을 들여다보는 게 중요함을 느낀다.

모든 사람은 세상에 태어나면서부터 인권이라는 권리를 가진다. 하지만 과거 내가 만났던 학부모님 중 아이를 마치 자신의 소유물로 여기며, 그들의 인권을 존중해 주려 하지 않는 분들이 있었다. 그런 제자와의 숱한 만남을 통해 각자의 고유성을 일깨워 주려 노력했다. 당장의 성적을 내는 것보다, 나는 미래에 어떤 그림을 그리고 싶은지, 어떤 꿈을 갖고 있는지, 내겐 어떤 장점이 있는지를 먼저 생각해 볼 수 있는 숙제를 내준다.

누군가는 이 질문이 공부와 무슨 연관이 있냐는 질문을 남길 수 있겠지만, 세상을 물들이는 다채로운 색상처럼 다양한 개성을 갖는 아이들이 자신이 가진 색을 정확히 파악할 수 있었으면 좋겠다. 수업 시간에 나는 이와 관련된 숙제를 자주 내준다.

● **자기소개 에세이 작성**

'나는 어떤 사람인가'를 중심으로 일기를 쓰듯 자신을 돌아보게 한다. 나만의 특성, 내 성격의 특장점을 통해 아이들은 내가 어떤 사람인지를 배워나갈 수 있다. 또한 이렇게 작성한 에세이를 다른 친구들 앞에서 발표하는 것을 통해 스스로 자신감을 얻고, 개성, 능력을 인식하게 만든다.

● **미래 꿈 그리기**

최근 들어 '유튜버', '인플루언서' 등 새로운 꿈에 도달하고 싶어 하는 친구들이 부쩍 늘었다. 과거 어른들이 생각하는 좋은 직업의 기준에서 벗어나, 꿈이 다양화된 것 같아 기쁜 마음이다. 나는 아이들에게 단순히 이 꿈에 대해 묻기보다, 더 구체적인 질문을 던진다. 어떤 사람으로 살고 싶은지, 이를 위해 어떤 작은 목표를 세울 수 있을지 같은 것과 말이다.

● **자기 존중감 키우는 대화**

학생들이 자기 존중감을 갖도록 하는 활동 역시 중요하다. 어떤 직업이 되어야 하기보다, 어떤 사람이 되는 것이 더 중요한 것과 마찬가지로 말이다. 나는 아이들에게 자주 "너는 소중한 사람이며, 학생들이 하는 모든 노력은 가치가 있다."고 말한다. 스스로 긍정적인 말을 하도록 자기 암시의 시간을 하루에 5분 이상 갖도록 하며, 꾸준히 실천하도록 격려한다.

결국 공부 외의 이런 활동을 통해 학생들이 자신에게 있는 권리가 얼마나 소중하며 그 부분을 정확하게 존중받는 일의 중요성을 일깨운다. 이 부분으로 배우기 시작한 제자들은 자신의 정체성을 빠르게 파악한다. '내가 왜 이 자리에서 공부하고 있는지!' 그 이후부터 어떤 일을 하든 생각하며 판단할 수 있게 된다. 내가 얼마나 소중한 사람인지 깨닫고, 학습 능력을 키우는 바탕이 되는 건 바로 자신의 정체성이다. 대한민국 어른들은 모두가 똑같은 질문을 초·중·고등학생들에게 한다.

"너의 꿈이 뭐니?"

"장래희망이 뭐니?"

만일 선혀 자신에 대한 생각이 없는 아이들에게 직업을 먼저 묻는다면, 이건 너무나 잘못된 질문이 아닐까? 답을 정해놓고 대답하라고 하니 아이들은 하나같이 "모르겠어요." 하며 자신을 너무 보잘것없이 느낀다. 자존감이 떨어지기 시작하는 것이다. 질문을 바꿔서 질문을 해보면 어떨까?

"헬렌 켈러나 슈바이처 또는 나이팅게일 위인전을 읽어봤니? 이 인물들을 보면서 공통점은 없었니?"

주저하는 아이들에게 아직도 이 책을 읽어보지 않았냐고 무시하기보다 조곤조곤 가르쳐 주고 다시 물어보아야 한다. 이 책의 공통점은 결국 자신만 잘 먹고 잘살려는 이기적인 태도가 아닌 어려운 사람들에게 힘이 되어주고 싶어 공부했고, 병원과 학교를 설립했다는 것. 함께 나누기 위해 고통 속에 있는 사람들을 도우며 살아갔다는 것이다.

나는 자주 그들에게 질문을 하며 어떤 삶으로 살고 싶은지를 유도한다. 이게 바로 내가 가르치는 교육 방식이다. 아이들에게 학습 능력만 강요하는 것보다, 어떤 삶을 살 것인지 알려주는 게 더 중요하다.

생각의 힘:
공부의 길을 열다

해마다 부모님들과의 첫 만남은 비슷한 이야기로 시작된다.

"저희 아이는 어렸을 때부터 책을 많이 읽었어요. 그런데도 국어 성적이 왜 안 나올까요?"

당시엔 자녀를 일반고를 보내려는 것보다 특목고를 보내려는 사람들이 많았다. 학부모님의 이런 질문엔 나 역시 늘 똑같은 대답으로 이야기했다. 책을 읽는 것과 학습으로 성적이 나오는 것은 다르다고 말이다. 하지만 책을 읽고 정리하는 글쓰기 습관이 있는 친구는 좋은 성적으로 연결될 가능성이 올라간다. 자신이 배운 내용을 정리하는 힘과 방법을 잘 알고 있기 때문이다.

한번은 국어 성적이 좋지 않은 친구와 독서한 내용을 상담하는 시간이 있었다. 올해 어떤 책을 읽었냐는 나의 질문에 어린 학생은 《해리 포터》, 《콩쥐팥쥐》 등 자신이 읽은 책을 줄줄 외웠다. 하지만 기억에 남는 책 내용을 본인의 삶과 연결해 말해달라는 나의 이야기에는 우물쭈물하며 제대로 답하지 못하는 것이었다.

　책을 읽는 것은 물론 좋은 습관이지만, 읽는 데만 그친다면 자신의 삶으로 끌어와 활용할 수 있는 가능성이 적어진다. 내용을 이해하고 정리하는 게 습관화되어 있어야 학습으로 이어질 수 있기 때문이다. 이와 비슷한 흐름에서 공부만을 가르치는 학원은 넘쳐난다. 하지만 현명하게 공부하는 방법을 가르쳐 주는 학원은 드물다.

　학부모님들이 자녀들과 여러 학원을 전전하다 나를 찾아오는 이유는, 투자한 시간과 노력 대비 국어 성적 결과가 좋지 못했기 때문이다. 종로엠에서의 강의를 거쳐, 개인 과외를 하다 아이들을 가르친 지 19년이라는 기간 동안 비슷한 형태로 나를 찾아왔고, 고민을 털어놓으셨다. 매번 나는 부모님께 다시 설명드린다. 양보다 질적인 부분으로 아이의 학습을 도와주는 게 미래를 위한 큰 발걸음이 된다고 말이다.

남들이 보내기에 따라 보내고
내 아이만 안 하는 것 같아 불안해서 보내고
"여기가 잘 가르친다."는 소문을 듣고 보내지만,
결국 성적이 오르지 않으면
"우리 아이는 학원에 전기세만 내러 다닌 것 같다."고들 말씀하신다.

　정작 상담해 보면, 아이들을 가르치면서 우리 아이가 무엇이 필요하고 뭐가 부족한지 정확히 알고 계시는 부모님들이 거의 없었다는 게 문제였다. 국어 학습이 문제라면 책 읽는 모습을 부모님부터 꾸준히 보여주고, 이를 스스로 소화할 수 있는 충분한 시간과 방법을 알려주어야 한다. 이는 비단 국어 교육뿐 아니라 모든 과목에 해당되는 이야기다.

이와 관련해 나의 딸인, 아인이의 기준을 잡아 이야기를 시작해 보려 한다. 딸인 아인이는 책 읽기는 좋아했지만, 초등학교 1~2학년 때 수학 연산 공부를 전혀 하려 하지 않았다. 나와 남편은 아이가 스스로 필요성을 느낄 때까지 기다려 주기로 했고, 그렇게 초등학교 2학년 겨울까지 기다렸다.

겨울방학 무렵, 학교에서 구구단을 배우기 시작하면서 딸이 먼저 "공부를 조금씩 해야 할 것 같다."고 이야기하지 않는가. 슈퍼에서 계산을 하거나, 학교에서 숫자 연산 퀴즈를 풀 때 공부를 해야 할 필요성을 스스로 느낀 것이다. 우리 부부는 아이에게 큰 기대를 걸거나 무리한 요구를 하지 않았다. 대신, 연산 문제집을 하루에 한 장씩 풀게 했다. 덧셈, 뺄셈, 곱셈 등 기본 연산을 꾸준히 연습하도록 하는 식으로 말이다. 두 해 동안 연산을 거의 하지 않았던 탓에 실수가 잦았지만, 노력하면 안 되는 건 없다는 점을 강조하며 연산 문제집과 학교 수학 과정을 병행하기 시작했다.

6개월 정도 지나 여름방학이 되었을 때, 딸이 이렇게 말했다.

"아빠랑 하는 수학이 제일 도움 되는 것 같아! 아빠는 설명을 정말 잘해줘!"

그 이후로는 아빠와 함께 수학 공부를 이어가며 연산 문제를 성실히 풀어나갔다. 약속을 최대한 지키며 꾸준히 노력하는 딸을 보며, 마음속 굳은 믿음이 자라났다. 어느덧 초등학교 3학년 2학기가 되었다. 수학을 아주 잘하냐는 질문에 그렇다고 확실히 대답할 수는 없지만, 수학 과목에 대한 두려움은 사라졌다고 확실히 말할 수 있다.

  딸은 왜 공부를 해야 하는지 정확히 이해하고, 자신의 부족한 점을 스스로 파악하며 개선해 나가고 있다. 아이마다 잘하며 즐겨하는 과목이 있는가 하면, 부족한 과목이 있기 마련이다. 장단점을 미리 파악해, 스스로 이 공부를 왜 해야 하는지, 자신의 삶과 어떻게 하면 연결시킬 수 있을지를 느끼게 하는 것. 이것이 바로 생각의 힘이며, 스스로 공부 방법을 찾아가는 진정한 학습의 힘이라고 믿는다.

성장과 가능성을
발견한 제자, 정승엽

중학교 1학년 2학기, 나는 이 친구를 처음 만났다. 그때 그는 사춘기를 온몸과 마음으로 겪고 있었고, 어머님의 이야기를 들을 여유조차 없는 귀엽고 반항적인 모습으로 학원의 문을 열었다. **삐딱**하게 앉아 문학, 비문학, 문법 등 질문에 대답하던 그날이 벌써 1년 전의 일이 되었다.

놀라운 사실은, 이 친구가 자신이 얼마나 많은 지식을 가지고 있으며 공부 습관이 잘 잡혀 있는지를 전혀 알지 못했다는 점이다. 모르는 문제가 나오면 자존감이 떨어지는 모습을 보며 무척 안타까웠다.

내 첫 번째 목표는 이 친구의 자존감을 높이는 것이었다. 그리고 다행히도, 자신이 얼마나 멋진 사람인지 깨닫기까지는 그리 오랜 시간이 걸리지 않았다. 승엽이가 자신감을 찾게 된 중요한 계기는 학원에서 진행된 독서 토론 수업 중에 있었다. 그날 주제는 다소 어려운 비문학 지문에 관한 것이었고, 대부분의 학생들이 난감해하던 문제를 승엽이가 정확히 짚어냈다. 나는 그 순간을 놓치지 않고 말했다.

"승엽아, 너 정말 대단하다. 이 문제를 이렇게 명확하게 이해한 건 너밖에 없었어. 이건 쉬운 일이 아니야."

그 말을 들은 승엽이는 처음에는 멋쩍게 웃었지만, 이후로 조금씩 자신감 있는 태도를 보이기 시작했다. 스스로 본인의 가치를 깨달은 순간부터, 그는 자신과의 싸움을 시작했다. 지금까지도 그는 그 싸움을 이어가고 있으며, 그 끝에는 자신만의 길이 펼쳐질 것이라 믿어 의심치 않는다. 오늘, 내가 아끼는 중학교 2학년 제자 정승엽을 소개한다.

노력의 힘을 믿게 된 제자, 홍성욱

문을 열고 어머님과 함께 학원에 들어온 한 남학생이 지금도 생생하게 기억난다. 문학과 비문학이 무엇이냐는 질문에 귀까지 빨개지며 옅은 미소로 "모르겠다."고 대답했던 그 친구와 함께한 시간이 벌써 1년이 되었다. 처음 학원 문을 열고 들어왔을 때의 눈빛과 지금의 눈빛을 비교하면, 이 아이는 정말 많은 면에서 성장했다.

초등학교 운동회에서 있었던 일은 이 친구의 성장을 잘 보여주는 중요한 순간 중 하나다. 친구들과 달리기 경주를 하며 이기고 싶은 마음도 있었지만, 그는 무엇보다도 친구들에게 피해를 주지 않고 자신의 몫을 다하겠다는 다짐을 거듭하며 뛰었다. 그러나 달리는 도중 넘어지고 말았다.

그럼에도 그는 누구보다 빠르게 일어나 끝까지 자신의 역할을 다하려고 노력했다. 이 모습은 이 친구가 가진 마음과 태도를 잘 보여준다. 넘어지더라도 포기하지 않고 다시 일어서는 그의 모습은 어떤 어려움도 헤쳐 나갈 힘을 이미 갖추고 있음을 이야기해 준다. 이제는 한층 더 성장한 모습으로 자신만의 길을 만들어 가고 있는 홍성욱 학생을 응원하고 싶다.

국어 공부의 핵심과
학습 방법

집필하는 지금 역시 많은 학부모님이 여전히 궁금한 점을 가지고 상담 전화를 주신다. 그럴 때마다 내가 도와드릴 수 있는 부분이 무엇일까 고민하며 생각을 정리해 본다. 입시만 17년을 가르쳤고, 2022년에는 초·중등부 전문 학원을 오픈했다. 내가 가르치는 것은 정확히 국어 공부 방법과 책을 읽는 방법이다.

초·중등부 학생들을 가르치면서 가장 힘들었던 점은 문학과 비문학을 읽을 때 방법을 구분하지 못하고 똑같이 읽고 문제를 푼다는 점이다. 지금 내가 읽는 것은 문학이니까, 시는 화자와 시적 상황, 정서, 표현 방법, 주제를 생각하며 읽어야 한다. 소설은 인물, 사건, 배경을 중심으로 사건의 줄거리와 소재를 정리하며 읽어야 한다. 비문학도 마찬가지로 고유의 방법이 있다.

많은 학생들이 책을 많이 읽지 않아서 생각하는 힘이 부족하거나 이면적인 해석이 안 되는 것 같다고 생각할 수 있다. 하지만 문제는 아니다. 도리어 어릴 때부터 제대로 된 공부 방법을 배우지 않고 흔히 다른 사람들이 '좋다'라고 이야기하는 학원만 다녔기 때문이 아닐까?

부모님들께서는 종종 이렇게 묻는다. "우리 아이의 독서량이 다른 학생에 비해 월등한데 왜 국어 성적에 바로 반영되지 않을까요?" 하지만 아쉽게도 읽은 책 수와 성적은 큰 관련이 없다. 국어 학습에서 학부모님과 학생은 꼭 이 부분을 명심하고 있어야 한다.

첫 번째, 어휘는 반드시 암기해야 한다.
두 번째, 독서 후에는 비문학은 요약하고 정리하거나, 문학은 사건의 줄거리로 정리하는 습관을 들여야 한다.
세 번째, 아이에게 강제로 시켜서 하기보다 스스로 느껴서 독서 후 정리까지 하도록 내적인 동기 부여를 전해주어야 한다.

이렇게 해도 성적이 나오지 않는다면, 어떤 부분을 놓치고 있는지 정확히 파악해 보자. 그리고 언제든지 연락을 주면, 부족한 부분을 함께 채워나갈 방법을 찾아보겠다. 공부하는 습관은 어릴 때 잡는 것이 중요하다. 공부의 방법이 정확하게 들어가면, 지금 부모님과 아이들이 느끼는 불안함이 안정감으로 바뀌고, 결국 더 편안하게 공부에 집중할 수 있을 것이라 믿는다. 아래는 함께 국어 및 독서 공부하는 친구들이 작성한 글로 내가 하는 수업의 방향 및 구성을 짐작할 수 있을 만한 작품이다.

학생 글 모음집

단계를 낮추는 게 좋을 때도 있다

정○서 학생의 글

그날이 내 인생을 바꿔놓았다. 사람들은 자신이 잘하는 것에 최고가 되고 싶어 한다. 하지만 그것이 지나치면 오히려 더 원하는 대로 되지 않는다. 매미보다 코치님이 더 큰 목소리로 외치신다. "막아! 막으라고!" 우리 팀은 매번 경기에서 졌다. 우리 모두 침울하게 집으로 갔다. 침대에 누워 생각해 보았다. 답은 하나였다. '모르겠다'.

우리 팀은 그 누구보다 열심히 한다. 그런데 왜 이기지 못하는지 모르겠다. 오히려 내가 독이 되는지도 모르겠다. 그때 나도 모르게 눈물이 흘러내렸다. 난 그 누구보다 열심히 했다. 그런데 돌아오는 건 나를 향한 지적뿐이었다. 눈물이 나를 위로해 주는지 더 뜨겁고 빠르게 내렸다. 난 이 고민을 부모님께 말씀드렸다.

 그다음 날 엘리트 반을 그만두었다. 평소 매일 가는 엘리트 반을 그만두니 마음 한쪽이 텅 빈 것 같았다. 그 마음을 잊기 위해 취미 반에 갔다. 무언가 이상했다. 몸이 가벼웠다. 혹시나 하는 마음에 공을 차보았다. 공이 떴다. 엘리트 반에서는 뜨지 않던 공이 떴다. 공에 바람이 적은지도 보았지만 아니었다. 오히려 꽉 차 있었다. 나는 그날부터 실력이 늘기 시작했다. 엘리트 반에서는 늘지 않던 실력이 늘기 시작하니 신기했다. 결국 나의 선택이 나를 만들었다.

 우리 모두가 잘하기 위해 노력한다. 하지만 모두 잘되는 것은 아니다. 사람들은 어떤 것을 잘하기 위해 엄청난 시간을 투자한다. 나 역시 그랬다. 그러나 그 노력이 헛되어 보이면 포기하기 시작한다. 그럴 땐 잠시 쉬어야 한다. 자동차 엔진이 일을 너무 많이 해 가열된다면 그 차도 잠시 쉬어야 한다. 그리고 다시 시작해야 한다. 그리고 자신의 선택을 후회하면 안 된다. 끝까지 포기하지 말고 걸어야 한다. 끝까지 걸어간다면 당신은 성공할 것이다. 험한 길을 걷다가 다시 돌아가지 말아야 한다. 잠시 단계를 낮추고 쉬어라.

바다로 간 호두

정○진 학생의 글

어느 날 뉴스에서 바다거북이 코에 빨대가 들어간 채로 고통받는 장면을 보게 되었습니다. 저 또한 고통스러웠습니다. 바로 이 책이 저희에게 주는 메시지가 있을 것 같았습니다.

호두는 태어나자마자 등딱지를 다쳤습니다. 하지만 슬기의 도움을 받아 바다로 돌아갈 수 있게 됩니다. 호두는 바다에 들어가자마자 천적의 공격을 받을 뻔했지만, 또또와 또또의 엄마가 도와주어 또 한 번의 고비를 넘기게 됩니다. 호두와 또또는 친한 사이가 되었습니다.

얼마 뒤 또또의 엄마가 없어졌습니다. 엄마는 제주도 앞바다에서 플라스틱을 잔뜩 먹은 채 죽어 있었습니다. 이 장면에서 많은 생각을 하게 됩니다. 우리 인간이 얼마나 자연을 파괴하며 생명들을 앗아가고 있는지 알게 되었습니다.

호두가 혼자 지낼 때 두루를 만나 같이 다니게 됩니다. 호두는 쓰레기 섬에 알을 낳았습니다. 며칠 후 사람들이 쓰레기 섬을 치우기 위해 알을 부숴버렸습니다. 만약 이 알이 사람의 자식이었다면 어땠을까요?

두루는 사람들이 버린 쓰레기를 먹이라고 착각하고 먹다가 목에 걸려 아파했습니다. 아이들은 두루를 발견해 치료해 주었습니다. 사람이 버린 쓰레기로 아파하고, 또 사람이 치료하는 일에서 많은 잘못을 누가 하고 있는지 또 한 번 생각하게 도와주는 책이었습니다.

이 책을 통해 많은 바다 동물들이 얼마나 많은 피해를 받고 있는지 생생하게 경험할 수 있는 시간이었습니다. 두루와 또또의 엄마와 같이 쓰레기를 먹고 다치는 일이 없도록, 나부터 쓰레기를 최대한 줄여나가야겠다고 다짐했습니다.

죽은 시인의 사회

조○아 학생의 글

이 책은 친구들과 함께 보며 이야기를 나누었던 뜻깊은 작품이어서 소개하고 싶습니다. 존 키팅 선생님과 학생들의 이야기 중 한 장면입니다. 학생들이 키팅 선생님께 연보를 가져와 죽은 시인의 사회가 무엇인지 물어보는 모습이 가장 인상 깊었습니다. 제가 '죽은 시인의 사회'라는 이름을 처음 접했을 때, 누군가가 죽었을 것 같은 느낌이 들었습니다. 그렇지만 《죽은 시인의 사회》는 시를 좋아하는 학생들이 동굴에 모여 시를 낭송하는 집단을 말한다는 것을 알게 되었습니다.

저는 존 키팅 선생님께서 교탁에 올라서서 학생들에게 말하는 장면이 가장 인상 깊었습니다. 그 이유는 우리가 사물을 다른 방향으로 볼 필요가 있다는 문장과 "시작이 늦을수록 찾기 어렵다."는 문장이 지금 나의 삶을 이야기하는 것 같아 더욱 마음에 와닿았기 때문입니다.

닐은 한 번도 자신의 삶이 아닌 아버지의 삶을 살았다고 생각했습니다. 하지만 저는 단정 짓고 싶지 않습니다. 그의 아버지는 지금의 자신보다 더 나은 삶을 가르쳐 주고 싶었던 것 같습니다.

함께 행복한 삶을 만들자!

김○운 학생의 글

요즘 매년 베어 나가는 나무로 인해 나무에 사는 동물들이 서식지를 잃고, 점점 뜨거워지는 지구로 인해 빙하가 녹아내려 살기 어려운 북극곰들이 생겨나고, 인류가 점점 발전하면서 자연 또한 계속 파괴되고 있습니다. 지금까지 돈과 기술을 위해 무분별하게 착취했지만, 지금이라도 자연을 보호해야만 미래의 후손들에게 깨끗하고 쾌적한 지구를 물려줄 수 있습니다.

첫째, 친환경 제품이나 재활용할 수 있는 제품을 사용합니다. 예를 들어, 카페에 가면 텀블러를 이용하고, 플라스틱 일회용품 대신 다회용기를 사용해야 합니다. 만약 전 세계 사람들이 플라스틱 일회용품을 한 개라도 적게 사용한다면, 바다에서 일회용품을 음식으로 착각해 죽은 생물이 줄어듭니다. 반대로, "나 하나쯤이야, 일회용품을 써도 되겠지?"라는 생각을 전 세계 사람들이 가지고 있다면 어떨까요? 아까와 반대로 쓰레기 산 한 채가 생겨납니다. 여러분이 사소한 일이라고 대수롭지 않게 여기지만, 작다고 생각하는 모든 행동이 지구를 점점 파괴시킵니다.

둘째, 동물들의 삶의 터전을 보전합시다. 우리가 흔하다고 생각하는 종이를 만들기 위해 아마존 밀림이 계속 훼손되고 있습니다. 때문에, 나무에 살고 있는 오랑우탄들이 삶의 터전을 계속해서 잃고 있습니다. 또한 아마존 밀림의 15%가 이미 사라졌고, 앞으로 38%가 더 사라진다고 합니다. 팜유를 얻기 위해 아마존 밀림을 밀고, 팜나무를 심으며, 지금까지도 밀고 있습니다. 지금이라도 아마존 밀림을 미는 것을 멈추어야 합니다. 아마존 밀림은 지구의 허파라고도 불리는 중요한 열대 우림이고, 몇천 가지의 종이 이 밀림에서 생활하고 있습니다. 친환경 제품이나 재활용할 수 있는 제품을 사용하고 동물들의 삶의 터전을 보전해야 합니다.

환경오염

이○현 학생의 글

  미세먼지 때문에 저는 심한 기침과 코막힘 등의 기관지염을 앓고 있습니다. 그래서 아침마다 통합대기 지수를 확인하는 습관이 생겼습니다. 평소 환경에 대해 자세히 알고 있었다고 생각했지만, 조금 더 구체적인 지식을 알고 싶어졌습니다. 창밖에 뿌연 미세먼지를 보며 이제 우리는 발전이라는 문제에서 잠시 환경이라는 문제를 해결해야 할 때라고 생각하였습니다.
  저희 학교 게시판 복도 옆에는 우리가 쓰레기를 함부로 버리면 그 쓰레기들이 분해되는 데 걸리는 시간에 대해서 써 있습니다. 이러한 문제들을 해결하기 위해 두 가지 방안을 생각해 보았습니다.

첫째, 쓰레기를 쓰레기통에 버리는 것입니다. 요즘 사람들이 쓰레기를 길바닥에 버리거나 아무 데나 버리는 일이 종종 있습니다. 그래서 쓰레기를 버리지 않으면 환경이 덜 오염될 것입니다.

둘째, 재활용을 잘하는 것입니다. 재활용은 버려진 쓰레기들을 다시 이용해 제품들을 만드는 것입니다. 재활용을 하지 않으면 쓰레기들을 다시 재사용할 수 없어 쓰레기들은 점점 쌓여만 갈 것입니다.

모두가 지금부터 작은 일을 조금씩 실천하게 된다면 우리 모두와 그다음 세대에게도 깨끗한 환경을 물려줄 수 있을 거라 생각합니다. 모두가 함께 환경을 보호합시다.

나라는 다르지만 모두 친구가 될 수 있어!

김○현 학생의 글

이 글의 제목을 보고 이러한 생각이 들었습니다. 나라가 다르면 그 나라의 친구를 어떻게 다르게 대해주어야 할까? 이 궁금증에 책을 읽어보게 되었습니다. 이 책의 줄거리를 짧게 정리해 보았습니다. 서로 다른 나라의 아이들이 서로 친구가 되어 자신의 나라의 문화를 알아가고 서로 이해해 주는 내용입니다.

책을 읽으며 알게 된 내용이 있습니다. 사람이 믿는 종교마다 못 먹는 음식이 있고, 다른 나라의 음식이 우리나라로 오면서 조리법이 달라지기도 한다는 것을 알게 되었습니다.

또 기억에 남는 장면이 있습니다. 그 부분은 점심시간에 중국인 아이와 다른 나라의 아이가 싸우는 장면입니다. 그 순간, 다른 나라의 아이가 "중국은 좋지 않은 나라"라며 나라를 모욕하였습니다. 그 아이는 다른 나라를 존중하지 않으며 싸움을 일으킨 아이가 참 괘씸했습니다.

그리하여 이 책을 읽고 꽤 많은 것을 배운 것 같으며, 책이 우리에게 전하고 싶은 의미는 아무리 문화가 달라도 배려하고 존중해야 한다는 것입니다. 이 책의 의미를 알고, 그 의미와 같이 저도 존중하고 배려하겠다고 생각했습니다.

빛과 우주의 수사관 알베르트 아인슈타인

이○윤 학생의 글

이 책은 천재적인 과학자 알베르트 아인슈타인의 인생을 짧게 요약한 책인데, 내가 알지 못했던 아인슈타인에 대해 새로 배울 수 있는 시간이었습니다. 제가 아인슈타인의 인생에서 가장 인상 깊었던 일은 아인슈타인이 만든 핵이 많은 사람을 죽여 좌절하는 장면이었습니다. 아인슈타인은 평화주의자였는데, 자기가 만든 이론이 전쟁에 악용되어 아무런 죄가 없는 사람들까지 죽음을 맞이하는 모습이 지옥에 빠진 것처럼 무서웠을 것 같습니다.

하지만 아인슈타인은 다른 많은 업적들을 세웠는데, 예를 들면 다른 과학자들은 모두 시간과 공간은 모든 사람에게 똑같다고 믿었는데, 아인슈타인은 그걸 의심하고 계속 연구한 끝에 그 이론이 틀린 것을 알아냈습니다.

이 책을 끝까지 읽고 많은 생각이 제 머릿속을 스쳐 지나갔습니다. 새로운 지식도 배웠지만, 아인슈타인 선생님의 마음을 상황에 따라 느낄 수 있어 감명 깊었던 시간이었습니다.

미소의 웃음 비밀

김○서 학생의 글

왜 미소에게 웃음 비밀이 있다고 했을까? 미소에게 어떤 미소의 비밀이 있는지 궁금해서 이 책을 펼쳐보게 되었습니다. 미소는 잘 웃지 못했습니다. 그런데 어느 날 공원 한쪽 구석에서 작은 건물 하나를 발견했습니다.

그 건물의 문이 반쯤 열려 있었습니다. 미소가 기웃거리는 모습을 본 어떤 아줌마가 문을 열고 나왔습니다. 아줌마는 환하게 웃으며 말했습니다.

"여긴 웃음 학원이란다. 나는 웃음을 알려주는 웃음 박사야. 들어와서 구경해 볼래?"

웃음 박사의 말에 미소는 멈칫거렸습니다. 미소는 슬쩍 안을 들여다봤습니다. 웃음 박사는 책상 서랍에서 오백 원 동전만 한 크림을 꺼냈습니다. 웃음 박사는 미소에게 웃음 크림을 내밀었습니다. 만약 웃음 크림이 있었다면 웃음이 없는 사람들에게 선물하고 싶습니다. 그 이유는 크면 클수록 마음의 여유가 없어진다고 생각했기 때문입니다. 어른이 될수록 바빠지면서 마음의 여유가 없어 미소가 줄어드는 것 같습니다.

제인 구달

이○나 학생의 글

에버랜드에 있는 로스트 밸리에 입장하면 다람쥐, 부엉이, 원숭이, 미어캣 등이 우리를 반겨준다. 버스를 타고 왼쪽, 오른쪽에 바바리양, 코끼리, 기린, 코뿔소와 같은 많은 동물을 만날 수 있다. 그때 드는 생각이 동물학자인 제인이었다.

그녀는 아프리카 밀림에 살며 침팬지를 연구했었다. 온종일 침팬지를 관찰하고 그들이 사는 방식을 배워나갔다. 사람과 비슷한 부분이 아주 많았다. 그러다 제인은 아주 놀라운 광경을 목격했다. 침팬지들은 반가울 때 서로 끌어안고, 겁이 날 때는 손을 잡거나 매달렸다. 그리고 누군가를 달랠 때는 부드럽게 등을 두드려 주었다. 제인은 개성, 성격, 감정을 침팬지가 가지고 있다는 놀라운 사실을 밝혀냈다. 《곰베의 침팬지》라는 책을 세상에 내놓기도 했다.

동물과 환경에 대해 올바른 생각을 가진 어린이들이 자라서 어른이 되면 지구는 지금보다 훨씬 살기 좋은 곳이 될 것이다. 과정에서 배우고 경험하는 것이 가치 있다는 것을 깨닫게 되었다.

힘든 일은 언제든지 일어날 수 있다!

정○민 학생의 글

4학년 때 나는 모든 상황이 힘들었다. 학교에서는 선생님께서 나를 좋아하지 않으셨고, 친했던 친구들이 나를 따돌렸다. 집에서는 동생과 사이가 안 좋아지고, 부모님께 잔소리도 많이 들었다. 그래서 학교에서도 학원에서도 집중이 많이 안 되고 힘들었지만, 최선을 다해 학교와 학원 생활을 해나갔다.

그럼에도 친구들과의 관계가 좋아지지 않았고, 담임선생님께도 인정받지 못하는 상황이 나를 허무하고 슬프게 만들었다. 이 상황을 알게 된 부모님과 가족들이 나를 위로해 주고 공감해 주셨다. 아직 아이니까 힘든 일이나 어려운 일이 있을 때는 언제든 얘기하라고 해주셨고, 조언도 해주셔서 위로가 됐고 너무 감사했다.

또 어릴 때부터 친했던 친구네 가족과도 많은 시간을 보내면서 힘들었던 일을 잠깐이라도 잊을 수 있었다. 그러면서 친구 관계에서 내가 잘못했던 일을 반성하게 되었고, 내가 가지고 있는 장점들로 고쳐보려고 노력하게 되었다. 나를 좋아하는 사람도 있지만, 나를 싫어하는 사람도 있을 수 있다. 내가 노력한 일에 대해 인정받지 못할 수도 있다.

힘든 일은 언제든지 일어날 수 있다. 힘든 일이 일어날 때는 나의 모습을 돌아보고, 나의 장점들로 그 상황을 나아지게 만드는 게 중요하다고 생각한다. 내가 어떤 모습이든지 나를 사랑해 주는 사람들이 많기 때문에 잘 버티며 이겨나갈 수 있도록 하겠다.

강민폐+감기=행복

정○영 학생의 글

교과서가 바닥에 닿으면 타버릴 것 같은 여름날, 태웅이의 사물함 안에 있는 수학책은 오늘도 힘들어하고 있었어요.
"줄자가 내 옆구리만 안 찌르면 편할 텐데… 에휴-."
그러자 위에 있던 수익책이 말했어요.
"내가 도와줄까?"
"정말?"
"안 될 수도 있지만 한번 해볼게."
하지만 교과서 둘의 힘으로는 역부족이었어요. 어느덧 수학책의 주인이 나타났어요. 바로 태웅이었어요. 태웅이는 빨리 와서 책을 읽는 아이예요. 똑똑하지만 사물함 정리는 절대 하지 않는 아이였어요. 강민지라는 친구도 나타났어요. 같은 반 친구들은 민지를 '강민폐'라고 불러요. 강민폐는 교실에 들어오자마자 태웅이에게 나쁜 말을 퍼부었어요. 수학책과 수익책은 태웅이를 도울 방법을 찾고 싶었어요.

어느덧 계절이 바뀌어 겨울이 되었어요. 이제 작전을 실행해야 할 때예요. 작전명은 '강민폐+감기=행복'이에요. 작전은 간단해요. 준비해 둔 대로 강민폐가 감기에 걸리게 하면 돼요. 첫 번째로, 민폐가 모자를 두는 곳에 구멍을 뚫어요. 두 번째로, 친구들이 갈 때까지 기다려요. 세 번째로, 에어컨을 틀고 선풍기도 틀어요. 네 번째로, 민폐가 모자를 찾으러 올 때 감기에 걸리게 하면 돼요.

우리는 학용품의 도움을 받아 구멍을 뚫고 에어컨도 틀었어요. 준비가 끝나자 민폐가 구멍에 빠진 모자를 찾으러 학교에 왔어요. 민폐가 모자를 찾고 나가는 도중에 코를 훌쩍였어요. 수학책이 생각했어요. 작전 성공! 다음 날, 날이 밝았어요. 민폐는 예상대로 학교에 오지 않았어요. 태웅이는 민폐의 나쁜 말이 없으니 행복해져서 사물함 정리를 했어요. 수학책과 수익책도 덩달아 행복해졌어요.

나무

주○규 학생의 글

공기를 깨끗이 정화하는 나무
나는 그런 사람이 되고 싶다.

넘어지려 해도 다시 일어서는 나무
나는 그런 사람이 되고 싶다.

사람들에게 그늘이 되어주는 나무
나는 그런 사람이 되고 싶다.

꿋꿋이 서 있는 나무
나는 그런 사람이 되고 싶다.

사람들에게 많은 도움을 주는 나무
나는 사람들에게 도움이 되는 사람이 되고 싶다.

- 글의 의미

만약 나에게 큰 목표가 없어도, 자연의 좋은 점을 본받으며 살자!
항상 작은 목표라도 가지고, 그 목표를 달성하기 위해 노력하자!

파도

김○지 학생의 글

파도가 출렁출렁
내 마음은 덜컥덜컥

파도는 내 마음을
알까

한동안 파도를 바라
보는 나

좋아하는 게 뭐야?

주○은 학생의 글

 가끔 어른들이 "좋아하는 게 뭐야? 잘하는 거 있어?"라는 질문을 하면 우리는 어렴풋이 대답하기 어려울 때가 있습니다. 하지만 이런 질문은 우리가 자신의 취향과 장점을 찾는 중요한 계기가 될 수 있습니다.
 제 취미인 '만들기'는 어쩌면 일상에서 조용히 흘러가는 시간을 특별하게 만들어 주었습니다. 이상하게도, 만들기를 하거나 친구들과 함께 있으면 여러분도 아시다시피 시간이 순식간에 흘러갑니다. 또한, 자신만의 장점을 찾는 것은 경험과 노력이 필요합니다. 아직 잘하는 것을 명확하게 모르는데, 그 이유 중 하나는 경험이 부족하기 때문이라고 생각합니다. 하지만 이 경험을 통해 나만의 특기와 장점을 찾아가고자 합니다.

이 글에서는 제가 창조의 즐거움을 만들기를 통해 어떻게 발견했는지, 또 어떻게 잘하는 것을 찾아가는 노력을 기울이고 있는지 이야기하고자 합니다. 함께 나만의 세계를 찾아가는 여정을 나누어 보겠습니다.

저는 어릴 적부터 엄마를 따라서 쿠키를 만들거나 뜨개질 같은 여러 활동을 경험해 보면서 내가 이런 만들기를 좋아하는구나, 라는 생각을 키워나갈 수 있었던 것 같습니다. 이처럼 저는 자신이 무엇을 잘하는지, 무엇을 좋아하는지는 여러 경험을 통해 찾는 것이 좋은 것 같다고 생각합니다.

어떤 사람은 잘하는 것이 좋아하는 것일 수도 있고, 좋아하는 것과 전혀 다른 것이 잘하는 것일 수도 있습니다.

무지갯빛의 아이들

 이 책을 쓰기 위해 많은 생각을 하고, 여러 제자들과 연락을 주고받았다. 제자들에게 예전에 쓴 글을 담아도 되는지 물었고, 그들은 하나같이 지금은 자신이 너무 평범해서 선생님의 가치를 제대로 빛내드리지 못할 것 같다고 말했다.

 이 친구들은 특목고와 자사고를 목표로 나와 함께 열심히 공부했던 남학생들이었다. 그들은 정말 하루하루를 성실히 살아온 학생들이었다. 지금은 각자의 길을 걸으며 직장생활을 하는 회사원, 직업 군인, 사업가 등 다양한 삶을 살아가고 있다.

 제자들이 "원하는 그림을 그리지 못했다."며 자신을 낮추는 말을 할 때, 그 말이 마음이 아팠다. 평범하다는 것이 얼마나 어려운 일인지, 노력의 끝을 누가 정해놓았는지 다시 한번 생각하게 되었다.

 오래 교육 분야에 종사하다 보니, 어릴 때부터 그들이 다양한 길의 가능성을 안다면, 더욱 행복해질 수 있으리라는 확신이 들었다.

아이들의 꿈을 다양하게 찾아주기 위해, 나는 병원, 약국 등 다양한 분야를 돌아다니며 진로 체험을 진행하게 했다. 이 체험을 통해 학생들은 각기 다른 직업의 현실을 직접 보고, 진로에 대한 새로운 시각을 가질 수 있었다. 나는 그들이 자신의 꿈을 더욱 확실히 찾을 수 있도록, 그 경험을 바탕으로 기사문을 작성하여 소개하려 한다. 이 기사는 학생들에게 직업 선택에 대한 유익한 정보와 진로 탐색의 중요성을 알려주기 위해 작성된 것이다.

학생 기사문 모음집

리ㅇ의원 원장님 인터뷰 기사

1. 의사 선생님은 저희가 인터뷰 온다고 했을 때 어떤 기분이 드셨나요?
   - 처음엔 두근거리고, 걱정이 많았지만, 지금은 용감하게 환자를 치료하고 있습니다. (3학년 이ㅇ준 기자)
2. 의사 선생님은 어떤 환자가 가장 기억에 남으셨나요?
   - 작년에 왔던 환자가 가장 기억에 남습니다. 개에게 물린 환자였는데 꾸준히 치료를 받으며 상처가 나으면서 희망을 가졌습니다. (3학년 오ㅇ성 기자)
3. 의사 선생님은 이 직업을 선택한 동기가 무엇인가요?
   - 네 살 때 〈허준〉이라는 드라마를 보고 의사가 되어 환자들을 치료해 주고 싶다는 꿈을 가지게 되었습니다. (3학년 배ㅇ안 기자)

4. 선생님은 어떤 과정을 밟아 의사 선생님이 되셨나요?
   - 수능을 보고 6년 동안 공부하고, 해부학, 발생학, 생명학 등을 배워야 합니다. (유ㅇ운 기자)
5. 의사 선생님은 공부하는 과정 중 어떤 부분이 힘드셨나요?
   - 엉덩이가 무거워야 되고, 밤늦게 하루도 빠지지 않고 6년 이상을 공부해야 되는 부분이 힘들었고 정해진 시간에 자고 일어나야 하는 규칙적인 생활을 해야 하며, 4년 이상 인턴 생활을 하는 부분이 힘들었어요. (이ㅇ진 기자)

비ㅇ민 약국 약사님 인터뷰 기사 #1

1. 약사님은 공부하는 과정 중 힘들었던 부분은 무엇이었나요?
   - 약대에서 지낼 때 기초 과학부터 임상 적용까지 과목이 정말 많습니다. 시험 공부를 해야 할 때 공부하는 것이 힘들었습니다. (3학년 이ㅇ나 기자)
2. 약사님은 어떤 동기로 이 직업을 선택하셨고 언제부터 일을 하셨나요?
   - 약사가 되면 사람들을 아프지 않게 치료해 주고 싶었습니다. 약대에 다니며 약사가 되고 싶었을 때, 약을 만드는 과정에 10~20년이 걸리는 걸 보고 신기했습니다. (3학년 박ㅇ윤 기자)
3. 약국을 오픈하시고 가장 기억에 남는 손님이 있으셨나요?
   - 나이가 들면 약을 먹어야 하는 경우가 많아지는데 약을 먹

어도 되는지 고민을 많이 하시는 손님들이 있습니다. 그래도 저를 믿고 약을 사 가시는 손님들을 보니 뿌듯하고 이 일을 하는 것이 보람찼습니다. (3학년 김ㅇ서 기자)

4. 약사님은 약의 성분과 이름을 어떻게 외우셨나요?
   - 너무 많아서 약대에서 이름 외우는 것만 2년을 합니다. 지금도 계속 보고 있는데, 까먹을 때가 있습니다. (4학년 최ㅇ서 기자)

5. 병원에서 처방받지 않아도 구입이 가능한 항생제가 있나요?
   - 병원에서 따로 처방받을 수는 없지만, 화학 성분의 항생제가 아닌 다른 성분 또는 생합성 성분이 들어간 항생제만 제공되고 있습니다. (4학년 구ㅇ은 기자)

6. 요즘 유행하는 바이러스가 많은데요. 면역력을 키우기 위해 추천해 주실 약이 있나요? 그 약을 왜 추천해 주시나요?
   - 가장 좋은 건 개인위생이 중요합니다. 몸에 다양한 균이 있지만, 장에 균이 가장 많아서 바이러스를 없앨 가장 좋은 방법은 비타민 D와 유산균, 건강을 책임지는 음식을 먹는 것이 가장 중요합니다. (4학년 장ㅇ은 기자)

7. 약사님이 보람을 느끼셨던 일은 무엇인가요?
   - 병원에 있을 때 환자가 이식 수술을 하거나 호흡기 치료를 받고 잘못된 생각을 하시는 분들에게 좋은 약을 드렸을 때 보람을 느낍니다. (4학년 홍ㅇ준 기자)

8. 저희에게 꼭 해주고 싶으신 말씀이 있으신가요?
   - 여러분이 커서 되고 싶은 직업이 많을 거예요. 하지만 나중

에는 이 일들을 로봇이 다 할지도 모릅니다. 그럼에도 로봇이 할 수 없는 직업이 있습니다. 그런 로봇들이 할 수 없는 직업을 하거나, 그 이외에 자신이 하고 싶은 꿈을 펼쳐나가기 바랍니다. (3학년 김ㅇ율 기자)

비ㅇ민 약국 약사님 인터뷰 기사 #2

1. 약사님이 되려면 어떤 공부 과정을 밟아야 하나요?
    - 약대에 들어가서 처음엔 기초 과학, 화학, 물리화학 등을 공부한 뒤, 약과 질병, 임상에 대해 6년 정도 공부하고 여러 면허 시험을 치면 약사가 될 수 있습니다. (6학년 송ㅇ아 기자)
2. 요즘 어떤 환자가 가장 많이 방문하며 그 환자분들에게 추천해 주실 의약품이 있나요?
    - 가을이라서 감기 바이러스, 세균 환자가 많습니다. 코로나 이후로 기침을 많이 하시는 분들이 많아서 기관지약과 한방이 섞인 약을 처방해 드리고 있습니다. (6학년 조ㅇ아 기자)
3. 약사님은 많은 손님 중 가장 안타까운 환자분이 있나요?
    - 일반 약과 전문 의약품이 달라서 많이 악화되는 환자분들이 있습니다. 이런 환자분들을 볼 때 병원에 빨리 가서 전문 의약품을 드셨으면 하는 안타까움을 느끼기도 합니다. (6학년 이ㅇ현 기자)
4. 병원에서 처방전을 가져오면 약사님이 바꾸고 싶으신 약도 있으셨

나요?

- 처방전을 받아오신 어르신들의 약을 바꾸어 드리고 싶습니다. 병원에서 증상을 구체적으로 이야기하시지 않으시고, 약국에서 증상을 추가적으로 이야기하실 때, 다른 약으로 바꿔드리고 싶을 때가 간혹 있습니다. (6학년 김○은 기자)

5. 많은 환자 중 꼭 병원에 가지 않아도 될 때는 어떤 병에 걸렸을 때인가요?

- 초기 감기는 병원에 안 가도 괜찮습니다. 바이러스 감기는 피곤함이 좋아지고, 일주일 정도 쉬고 나면 감기가 완쾌됩니다. 세균 감기는 병원에 가서 전문적인 치료를 꼭 받으셔야 합니다. (6학년 정○진 기자)

6. 약사님께서 저희에게 마지막으로 하실 말씀이 있으신가요? 말씀해 주세요.

- 여러분은 아직 꿈이 많은 시기이기에 지금 하고 싶은 게 많으실 거예요. 여러분이 좋아하는 꿈을 계속 찾아나가면 좋겠습니다. (6학년 주○규 기자)

야○스 가정의학과 의사 선생님 인터뷰 기사

1. 의사 선생님께서 이 직업을 선택하신 동기는 어떻게 되시나요?

- 의사라는 직업은 사람들의 몸과 마음을 치유하며 도울 수 있다고 여겨져 이 직업을 선택하게 되었습니다. (5학년 정○나 기자)

2. 환자를 치료하시면서 힘드셨던 부분은 무엇인가요?

- 환자분들을 치료하고 검사를 정확하게 하고 싶지만 SNS로 무작정 찾아서 판단하고 협조하지 않으셔서 검사를 정확하게 하지 못해 걱정이 되어 힘든 부분입니다. (5학년 정○민 기자)

3. 의사 선생님께서는 어떤 절차로 여기까지 오시게 되셨나요?

- 의대를 6년 공부하고 인턴 1년, 전문의 3년으로 총 10년 공부 후에 환자를 대할 수 있었습니다. 추가로 더 공부하고 싶으면 대학병원에 들어가 임상 실험을 하면 됩니다. (4학년 이○주 기자)

4. 이 생활을 하시면서 가장 기억에 남는 환자가 있으신가요? 그 이유도 이야기해 주세요.

- 피검사 결과가 안 좋아서 자세한 검사를 권유한 환자가 있습니다. 간 초음파 검사를 해보니 정말 간의 어떤 부분에 암이 발견된 사례가 있었습니다. 이후 큰 병원에 가서 치료를 받으시고 건강을 회복하셨는데 제게 정말 감사하다고 전하셨을 때 큰 뿌듯함을 느꼈습니다. (5학년 이○연 기자)

아이○모 디자인 미술 원장님 인터뷰 기사

1. 원장님께서 이 학원을 오픈한 동기는 무엇인가요?

- 지금까지 일반적인 미술 학원에서 벗어나, 진짜 창의적으로

교육 방침을 전하고 싶어서 디자인 미술을 극대화시키려고 학원을 오픈했습니다. (4학년 정ㅇ영 기자)
2. 원장님께서 이 학원을 운영하시면서 가장 힘드셨던 점은 무엇인가요?
   - 학부모님들과 소통이 잘 맞지 않아 가장 힘들었어요. 그 이유는 생각의 힘을 키우는 걸 저희 학원에서 추구하는데 부모님들께서는 스킬을 원하시기 때문입니다. (4학년 김ㅇ지 기자)
3. 학원 운영하시면서 언제 보람을 느끼셨나요?
   - 소극적이었던 아이가 적극적으로 변했던 부분과 자존감이 떨어져 있던 아이가 자신감을 얻었을 때, 미술뿐만 아니라 일상생활에서도 변화했을 때 보람을 느꼈습니다. (4학년 정ㅇ헌 기자)
4. 가장 기억에 남는 학생이 있으셨나요? 그 이유를 이야기해 주세요.
   - 오래된 학생 중 한 명이 기억에 남는데요. 온 지 석 달이 되도록 새로운 아이디어를 떠올리기 어려워하며 아무 생각도 나지 않는다고 말하던 친구입니다. 지금은 사물을 보고 새로운 영감을 떠올리며, 주제가 주어진 지 5초 만에 생각을 해서 말합니다. (4학년 홍ㅇ준 기자)
5. 저희에게 꿈의 기준에 대한 이야기를 해주세요.
   - 각자 좋아하는 일을 했으면 좋겠어요. 대학도 성적에 맞춰서 들어가는 것보다 배우고 싶은 과에 들어가서 자신들의 꿈을 펼쳐나가길 바랍니다. (4학년 구ㅇ은 기자)

아로메○ 반려견 미용 대표님 인터뷰 기사

1. 가장 기억에 남는 반려견이 있으셨나요? 그 이유는 무엇인가요?
   - 노견의 주인인 할아버지께서 오셨는데, 나중에 반려견이 아파서 휠체어를 타게 될 때까지 이곳을 찾아주셨고, 나중에는 반려견 장례식까지 함께 가서 마지막 아픔을 나눌 수 있었습니다. 누군가의 가장 사랑하는 가족인 그 반려견의 생애를 함께했다는 점에서 가장 기억에 남는 사례였습니다.
2. 몸이 불편한 반려견이나 노견은 일반 반려견과 미용하는 방식에 어떤 차이가 있나요?
   - 노견이나 몸이 불편한 반려견들은 서 있는지도 모르고 뛰어내리려고 하기 때문에 미용할 때 2명이 보조를 서고, 조심조심 마치 아이를 다루듯 미용을 해나갑니다.
3. 원장님, 반려견 자격증은 어떻게 준비해야 하나요? 기간은 얼마나 걸리나요?
   - 자격증은 학원에서 준비하면 됩니다. 1년 과정이고, 3년 정도 견습 생활을 한 후 일하고 싶은 곳에 취업을 하면 됩니다.
4. 이 일을 하시면서 어려웠던 점은 무엇이 있으셨나요?
   - 강아지가 미용을 잘 받고 돌아갔음에도 원래 집에서 이상행동을 보였을 때, 반려견 부모가 속상함을 전할 때 가장 큰 어려움과 혼란스러움을 느낍니다.
5. 이 일을 하시면서 보람을 느끼셨던 순간을 이야기해 주세요.
   - 다른 곳에서 미용을 못 했던 강아지가 이곳에서만 미용을

잘 받는다는 칭찬을 전해주실 때, 주변에 저희 숍이 최고라고 소문을 내주실 때 가장 큰 보람을 느낍니다.

6. 미용을 할 때 반려견이 돌발 행동을 하면 어떻게 대처하시나요?
    - 대답하기 힘든 질문이지만, 예를 들어 무서운 강아지가 오면 미용 선반에 올려야 할 때, 웬만해서 그냥 만지면 물리거나 긁히는 경우가 있습니다. 상처가 날 수 있기 때문에 담요를 덮어 안정된 상태에서 미용을 하는 것으로 대처합니다.

7. 원장님, 혹시 저희에게 해주실 말씀이 있으신가요?
    - 모두에게는 꿈이 있을 거예요. 자신이 좋아하는 일을 했으면 좋겠어요. 미래는 누구도 도와주지 않기 때문에 내가 좋아하는 일을 혼자의 힘으로 해내야 합니다.

해○플라워 사장님 인터뷰 기사

1. 사장님은 꽃집을 운영하시게 된 동기가 무엇인가요?
    - 어릴 적부터 꽃을 좋아했습니다. 그래서 꽃을 공부하게 되었습니다. (4학년 류○환 기자)

2. 사장님은 이 많은 꽃들 중에 가장 좋아하는 꽃이 있으신가요? 무슨 꽃인지 알려주시고 이유도 이야기해 주세요.
    - 저는 수국을 제일 좋아합니다. 그 꽃은 우리나라에서 보통 6월부터 8월 사이에 가장 많이 피어납니다. 콜롬비아에서 수입해 온 예쁜 수국은 사계절 동안 볼 수 있습니다. (3학년

김○현 기자)

3. 사장님은 꽃들과 나무들의 이름을 어떻게 외우셨나요?
   - 나무나 꽃의 종류가 무수히 많기 때문에 아직도 완벽하게 외우지 못한 부분이 있습니다. 일을 하며 반복적으로 찾아보며 지금도 그래서 꽃의 이름을 끊임없이 공부하고 있습니다. (3학년 김○하 기자)

4. 꽃집을 운영하시면서 힘드신 부분은 무엇인가요?
   - 운영하면서 힘든 부분은 없습니다. 하지만 꽃시장에서 꽃을 가득 들고 다닐 때는 육체적으로 힘든 걸 모르고 일을 하고 있습니다. (3학년 심○린 기자)

5. 사장님은 이 가게를 운영하시면서 가장 기억에 남는 손님이 있으신가요? 그 이유도 이야기해 주세요.
   - 2층 학원에 다니는 학생이 어버이날 카네이션을 사려고 돼지저금통을 들고 와서 그 모습이 기특하다는 생각이 들었어요. 부모님을 사랑하는 모습과 꽃으로 그 마음을 전하려는 마음이 가장 기억에 남았습니다. (3학년 송○은 기자)

6. 사장님께서 저희에게 해주실 말씀이 있으신가요?
   - 제게는 엄격한 아버지가 계셨는데 공부를 좋아하셨어요. 그래서 학교와 전공을 부모님이 바라시는 대로 했습니다. 하지만 지금은 제가 원하는 꽃집을 운영할 수 있어서 행복해요. (3학년 정○서 기자)

제자의 편지

선생님, 안녕하세요. 지금까지 편지를 드린 적은 있나 모르겠네요 ㅎㅎ. 요즘 너무 바쁘시기도 하고, 컨디션도 어서 회복되기를 바라요. 제가 초등학교 3학년 때가 2013년이니, 올해로 12년째예요. 아직도 떠올릴 때마다 놀랍네요. 제가 이렇게 긴 인연을 가진 분이 선생님뿐이에요. 감사한 마음을 느낍니다.

예전부터 남아 있는 메모나 일기들을 읽다 보면 선생님이 하신 말씀들이 이곳저곳에서 튀어나와요. 그중 가장 기억에 떠오르는 것은 언제나 "인생에 정답은 없다."예요. 사색에 빠질 때마다 한 번씩 다시 생각해 보게 되네요. 생각보다 진부해 보이는 말이지만, 제게는 고민에 대해 명쾌함을 주는 말이에요. 무슨 고민을 하든, 어떤 결론을 내리든 퍼뜩 떠오르는 저 말에 한 번씩 다시 생각하게 되죠.

많은 사람들의 인생을 들여다보고 이해할수록 저라는 사람의 인생이 점점 선명해짐을 느껴요. 사실 좀 두려워요. 아무것도 아닐 때야말로 무엇이든 될 수 있다는 속 편한 다짐을 할 수 있었는데, 이제는 하나하나씩 결정되어 가는 느낌이거든요. 상상보다 현실이 커지고 꿈을 꾸지 못하는 만큼 성숙해진다 느끼면서도 너무 안타깝고 그립기도 하네요. 나만의 색으로 가득 채워진 나의 세계에서 살아가던 그 느낌이요.

저는 요즘, 이전의 나와 지금의 내가 부드럽게 연결되어 있다는 느낌이 없어요. 아직도 간혹 무서워요. 내가 누구인지 모르겠거든요. 세상에 규정할 수 있는 것이 없다고 생각할수록 나에 대해서도 희미해져요. '매 순간 지금의 나'가 진짜라고 생각하면 마치 바보가 된 것 같아요. 알아가는 게 많아질수록 되려 아무 생각도 들지 않네요.

현실을 살아가는 이들을 보면 죽어 있다고 느끼고, 꿈을 꾸고 있는 이들을 보면 살아 있다고 느껴요. 저는 제가 현실로부터 도피해 왔다고 생각해요. 저 같은 겁쟁이가 있을까요? 정작 중요한 것은 고개를 돌리면서 뭔가 있어 보이는 것에는 온갖 폼을 다 잡죠. 재미있는 게 또 그런 분야들은 항상 재능이 있더라고요. 남들은 관심 없는 것들이다 보니 대충 환호해 줘요. 그러면 저는 진짜 제가 세상 사람들과 다른 특별함이 있다고 느끼죠.

어떤 분은 돈키호테가 되라고 하시더군요. 남들이 미쳤다고 말하는 꿈을 꿀 때 진정으로 살아 있는 거라고요. 어떤 분은 남들이 모두 오른쪽 길을 선택할 때 왼쪽으로 가보라 하더군요. '최고'가 아닌 '오직'이 되라고요. 저는 그렇게 살고 있다고 진심으로 믿었어요. 그런데 밤을 새울수록 저를 덮쳐오는 것은 '도망치고 있는가'예요.

  작년 가을쯤에 미야자키 하야오 감독의 〈그대들은 어떻게 살 것인가〉를 본 적이 있죠. 모든 사람은 결점이 있으나, 나의 기쁨은 누군가의 슬픔이고 또 나의 슬픔은 누군가의 기쁨이니 살아간다는 것을 긍정하라는 이야기를 하였죠. 세상에는 완벽이 없고, 정답도 없어요. 만족할 만한 행복은 영영 오지 않을지도 모르고, 오더라도 금방 사라질지도요. 저는 또 기억을 헤집을 테고, 추억 속에서 살아 있음을 느끼겠죠. 언젠가 추억 속에서조차 아무것도 못 느끼게 될 수도 있을까요? 불안함은 무엇이고, 여유란 무엇일까요?

  아직 마음에서 덜어낼 것들이 많아요. 제 고민만 털어놓게 되었는데, 좀 가벼워진 것도 같네요 ㅎㅎ. 제 이야기 속에서 선생님을 발견할 수 있을 거란 마음이었어요. 선생님한테 아주 많은 영향을 받으며 자라온 저니까요! 그래도 잘 살고 있는 것 같지 않나요? 생신 너무 축하드리고, 앞으로 많이 행복하셨으면 좋겠어요. 오랜 인연을 소중히 여기며, 제자로서 응원합니다!

2024.06.01.
김태훈 올림

에필로그: 별처럼 반짝이는 아이들

약 20년 전, 송파 종로엠에 처음 발을 내딛던 날 햇살은 유난히 따스했고, 봄바람이 살랑이던 느낌은 아직까지 생생하다. 평범하다고만 생각했던 내가 누군가의 선생이자 삶을 이끌어 주는 스승이 될 수 있을 것이라 생각해 본 적이 없었다. 그러나 돌아보면 늘 도전적이고 열정적인 삶의 자세가 있었기에 귀중한 기회를 잡을 수 있었다는 생각이 든다. 또한 내가 무엇을 하며 어떻게 살고 싶은지 늘 마음속에 물음표를 품고 살았기에, 확실한 꿈을 좇을 수 있었다고 생각한다. 저녁 늦은 시간까지, 강의를 하고 집에 돌아올 때 밤하늘을 가득 메운 별들은 금방이라도 쏟아질 듯 내게 엄청난 위로와 지지를 보내주었다.

내게 새로운 인생을 열어준 그날의 따스한 빛처럼, 내게 아이들은 세상의 첫 빛을 품고 있는 무한한 존재들이다. 나는 매일 그 별들을 마주하며 아이들 한 명 한 명의 정체성을 발견할 수 있도록 노력했다. 국어를 강의하던 때, 초롱초롱한 눈빛으로 나를 바라봐 주던 아이들의 모습이 또렷하게 기억난다. 인생의 갈림길에서 좌절하거나 고민하고 있을 때 그들에게 확실한 동기 부여를 주기 위해 깊은 대화를 나누었고, 다양한 꿈을 심어주려 노력했다.

부모가 의무적으로 시켜서 공부하는 것보다 스스로 깨달아 달려 나가는 게 더 지속적이고 확실한 원동력이 될 수 있기 때문이다. 모든 아이는 같지 않다. 어떤 아이는 독서를 좋아하며 글로 자신을 풀어내는 것에 강점이 있다. 어떤 아이는 컴퓨터 게임에 능하며, 사고력과 논리력이 뛰어난 경우가 있다. 각자의 고유한 빛을 발하며, 그 재능에 싹을 틔워주었을 때 아이는 엄청난 성장을 할 수 있다. 간혹 어른들이 강조하는 획일화된 기준으로 그 가능성에 눈길을 주지 못하거나, 그 빛이 잠시 흐려질 때도 있지만 말이다.

나는 그걸 가능하게 하는 조건이 바로 정체성이라고 생각한다. 아이들에겐 얼마든지 실수하며 자신에 대해 배워나갈 시간이 필요하다. 자신이 누구인지, 무엇을 사랑하고, 어떤 생각을 품고 살아가는지 스스로 찾아나가는 여정 자체가 중요하기 때문이다. 별처럼 빛나는 아이들이 자신의 정체성을 확립하는 순간, 그들은 더 이상 다른 사람이나 세상과의 관계에서 흔들리지 않는다. 이를 위해 나는 직접 수업에서 독서, 독후감, 직업 인터뷰, 에세이, 직간접 경험 등 다채로운 경험을 촘촘하게 계획한다. 지면을 빌려 아이들의 보다 큰 경험을 위해 진로 체험 인터뷰에 선뜻 응해주신 업체 대표님들께도 감사를 전한다.

나는 아이들의 발걸음이 조금 더 확신에 찬 발자국이 되도록 도울 때,

내 교육이 의미 있었다고 느낀다. 아이들이란 결국 그 자체로 빛나는 아름다운 존재들이기에, 앞으로도 꾸준히 아이들의 삶에서 떠오르는 물음표가 느낌표가 될 수 있도록 도와주고만 싶다. 자신만의 이야기가 오래도록 빛날 수 있기를 바라며.

사랑을 담아 보내는 편지

사랑하는 나의 딸 아인이가 이 책을 읽을 때는 엄마가 곁에 없을 수도 있겠지만, 엄마를 생각하며 너무 슬퍼하지 않았으면 해! 또한 후회도 하지 않았으면 하고. 엄마의 딸이라는 것만으로도 고맙고, 감사하다고 전하고 싶어.

– 많이 성장했을 딸 아인에게

너희들을 만난 건 나에게 큰 선물과도 같아. 세상을 두려워하지도 말고, 모든 일을 너무 잘하려고 하지 말고, 다른 사람들에게 잘 보이려고 애쓰지 않았으면 해. 천천히 한 걸음씩 미래를 그려나가며 너희가 기준이 되는 삶이 되었으면 한다!

– 대견한 제자들에게

물음표(?)에서 느낌표(!)

초판 1쇄 발행 2025. 2. 13.

지은이 이경아
펴낸이 김병호
펴낸곳 주식회사 바른북스

편집진행 황금주
디자인 김효나

등록 2019년 4월 3일 제2019-000040호
주소 서울시 성동구 연무장5길 9-16, 301호 (성수동2가, 블루스톤타워)
대표전화 070-7857-9719 | **경영지원** 02-3409-9719 | **팩스** 070-7610-9820

•바른북스는 여러분의 다양한 아이디어와 원고 투고를 설레는 마음으로 기다리고 있습니다.

이메일 barunbooks21@naver.com | **원고투고** barunbooks21@naver.com
홈페이지 www.barunbooks.com | **공식 블로그** blog.naver.com/barunbooks7
공식 포스트 post.naver.com/barunbooks7 | **페이스북** facebook.com/barunbooks7

ⓒ 이경아, 2025
ISBN 979-11-7263-955-6 03810

• 파본이나 잘못된 책은 구입하신 곳에서 교환해드립니다.
• 이 책은 저작권법에 따라 보호를 받는 저작물이므로 무단전재 및 복제를 금지하며, 이 책 내용의 전부 및 일부를 이용하려면 반드시 저작권자와 도서출판 바른북스의 서면동의를 받아야 합니다.